サービス産業動向調査年報

2022 年（令和 4 年）

Annual Report on

the Monthly Survey on Service Industries

2022

総務省統計局

Statistics Bureau

Ministry of Internal Affairs and Communications

Japan

御利用に当たって

1 公表について

サービス産業動向調査（月次調査）の結果は、原則、速報を調査対象とする月の翌々月の下旬に、確報を調査対象とする月の5か月後の下旬にインターネットで公表しています。

2 サービス産業動向調査のホームページ

総務省統計局のホームページにおいても、サービス産業動向調査の結果及び関連情報（調査の概要、Q＆A、公表予定等）を提供しています。

＜日本語版ホームページ＞　　https://www.stat.go.jp/data/mssi/index.html
　　主な収録内容
　　・調査の概要　　　　　　https://www.stat.go.jp/data/mssi/gaiyo.html
　　・調査の結果　　　　　　https://www.stat.go.jp/data/mssi/kekka.html
　　・Q＆A　　　　　　　　https://www.stat.go.jp/data/mssi/qa/index.html

　　本書についてもPDF形式（統計表はExcel形式）で掲載しています。
　　　　　　　　　　　　　https://www.stat.go.jp/data/mssi/report/index.html

　　このほかの結果の利用（閲覧・入手等）については、巻末の「サービス産業動向調査（月次調査）結果の利用方法」も御参照ください。

ま　え　が　き

　この報告書は、サービス産業動向調査（月次調査）の2022年（令和４年）の結果を取りまとめたものです。

　サービス産業動向調査は、サービス産業の生産・雇用等の動向を月次で把握し、各種経済指標の精度向上等に資することを目的として、2008年（平成20年）７月から毎月実施している調査です。

　本調査では、事業所・企業等の月間売上高、事業従事者数など、我が国のサービス産業の実態を把握するために欠かせない基本的な事項を調査しています。

　調査の結果、2022年（令和４年）におけるサービス産業計の売上高は、新型コロナウイルス感染症が再拡大した時期があったものの、全ての月で増加となり、前年比5.2％の増加となりました。

　本調査の結果は、ＧＤＰの四半期別速報（ＱＥ）や第３次産業活動指数など各種経済指標に使用されているほか、国や地方公共団体における各種行政施策の基礎資料、大学や研究機関などの研究基礎資料、また、企業などにおける市場動向の把握を通じた経営戦略等への活用など、広く利用されることが期待されます。

　本報告書を刊行するに当たり、本調査に御回答いただいた多くの事業所、企業等の方々に対し、厚く御礼を申し上げます。

2023 年（令和５年）11 月

総 務 省 統 計 局 長

岩佐　哲也

PREFACE

This report contains the results of the Monthly Survey on Service Industries for 2022.

For the purpose of grasping basic data of the service industries including trends of production and employment, and to contribute mainly to the enhancement of the precision of various economic indicators, the Monthly Survey on Service Industries has been conducted every month since July 2008.

The monthly survey investigates the basic information of each business activity, such as current month's sales and the number of workers. These items are essential components for grasping the true condition of the service industries for Japan.

The survey result presents that the sales of service industries in 2022 were up 5.2% from the previous year, although there was a period of re-spread of the novel coronavirus disease (COVID-19) in some months.

In addition to being used to improve the accuracy of economic indicators such as the Quarterly Estimates (QE) of GDP, Indices of Tertiary Industry Activity (ITA) and etc., the results of the survey are expected to be widely used as a basis for various administrative measures in the national and local governments, as a basis for research in universities and research institutes, and in making management strategies in enterprises through understanding market trends.

This survey was conducted with the cooperation of a large number of enterprises and establishments.

I would like to take this opportunity to express my deepest gratitude to all the people who cooperated in this survey.

November 2023

IWASA Tetsuya
Director-General
Statistics Bureau
Ministry of Internal Affairs and Communications
Japan

目　　次

CONTENTS

Summary of the Results

Statistical Tables

Appendices

結 果 の 概 要

Ⅰ　サービス産業の状況

各月売上高の平均	31 兆 9351 億円	（前年比　　5.2％増）
平均事業従事者数	2925 万人	（　同　　　0.2％増）

1　各月平均の状況

（1）各月売上高の平均

　　2022 年各月のサービス産業の売上高の平均は 31 兆 9351 億円となり、前年と比べると 5.2％の増加と、2 年連続で増加となった。

　　増加に寄与した主な産業は「運輸業，郵便業」（寄与度 [1] 1.71）、「生活関連サービス業，娯楽業」（同 1.09）、「宿泊業，飲食サービス業」（同 0.97）などとなっている。

（図Ⅰ－1－1、表Ⅰ－1－1）

注 1）　寄与度 ＝ $\dfrac{\text{当期当該産業大分類の売上高－前期当該産業大分類の売上高}}{\text{前期サービス産業計の売上高}} \times 100$

　　　　事業従事者数についても同様。以下同じ。

図Ⅰ－1－1　サービス産業計の各月売上高平均の前年比及び寄与度の推移

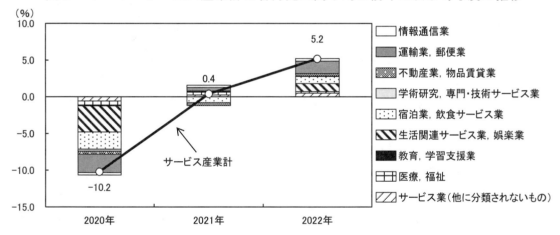

表Ⅰ－1－1　産業大分類別各月売上高平均の前年比及び寄与度の推移

	実数（百万円）2)			前年比（％）			寄与度　3)		
	2020年	2021年	2022年	2020年	2021年	2022年	2020年	2021年	2022年
サービス産業計	30,240,087	30,346,077	31,935,105	-10.2	0.4	5.2			
情報通信業	4,894,688	4,983,495	5,088,221	-2.3	1.8	2.1	-0.34	0.29	0.35
運輸業，郵便業	4,529,930	4,682,977	5,200,976	-15.8	3.4	11.1	-2.53	0.51	1.71
不動産業，物品賃貸業	4,217,742	4,093,893	4,193,040	-3.1	-2.9	2.4	-0.40	-0.41	0.33
学術研究，専門・技術サービス業	2,797,143	2,834,406	2,856,183	-3.2	1.3	0.8	-0.28	0.12	0.07
宿泊業，飲食サービス業	2,009,904	1,775,411	2,069,840	-28.1	-11.7	16.6	-2.33	-0.78	0.97
生活関連サービス業，娯楽業	3,320,526	3,326,280	3,656,778	-26.4	0.2	9.9	-3.54	0.02	1.09
教育，学習支援業	284,300	289,303	295,698	-12.8	1.8	2.2	-0.12	0.02	0.02
医療，福祉	4,789,946	4,907,139	4,973,212	-3.6	2.4	1.3	-0.53	0.39	0.22
サービス業（他に分類されないもの）	3,376,345	3,453,173	3,601,156	-5.5	2.3	4.3	-0.58	0.25	0.49

注 2）　2021 年 1 月に母集団情報変更・標本交替を行った。これに伴い、2020 年以前の実数について、この変更により生じた変動を調整した値（調整値）を作成した。本報告書では、この調整値を掲載している。なお、2023 年 1 月に標本交替を行った際に新たに作成された 2022 年以前の実数の調整値については、本報告書に掲載していない。

注 3）　各年の寄与度は、前年の調整値を用いて算出している。調整値は産業分類別に作成しているため、各産業分類別の寄与度の合計と上位合計欄の前年（同月）比とは必ずしも一致しない。以下、同種の表について同じ。

　産業大分類別に前年と比べると、「宿泊業，飲食サービス業」が 16.6％の増加、「運輸業，郵便業」が 11.1％の増加、「生活関連サービス業，娯楽業」が 9.9％の増加、「サービス業（他に分類されないもの）」が 4.3％の増加、「不動産業，物品賃貸業」が 2.4％の増加、「教育，学習支援業」が 2.2％の増加、「情報通信業」が2.1％の増加、「医療，福祉」が 1.3％の増加、「学術研究，専門・技術サービス業」が 0.8％の増加と全 9 産業で増加となった。

（表Ⅰ－1－1、図Ⅰ－1－2）

　産業大分類別の構成比をみると、「運輸業，郵便業」が 16.3％（5 兆 2010 億円）と最も高く、「教育，学習支援業」が 0.9％（2957 億円）と最も低くなった。

（表Ⅰ－1－1、図Ⅰ－1－3）

図Ⅰ－1－2
産業大分類別
各月売上高平均の前年比の推移

図Ⅰ－1－3
産業大分類別
各月売上高平均の
構成比（2022 年）

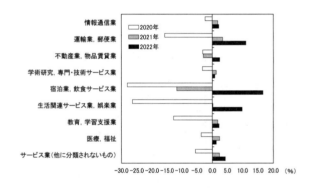

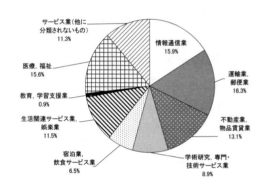

（2）平均事業従事者数

　2022 年各月において把握したサービス産業の事業従事者数の平均は 2925 万人となり、前年と比べると 0.2％の増加と、2019 年以来、3 年ぶりの増加となった。

　増加に寄与した主な産業は「宿泊業，飲食サービス業」（寄与度 0.16）、「情報通信業」（同 0.12）、「学術研究，専門・技術サービス業」（同 0.05）など、減少に寄与した主な産業は「運輸業，郵便業」（同-0.07）などとなっている。

（図Ⅰ－1－4、表Ⅰ－1－2）

図Ⅰ－1－4　サービス産業計の平均事業従事者数の前年比及び寄与度の推移

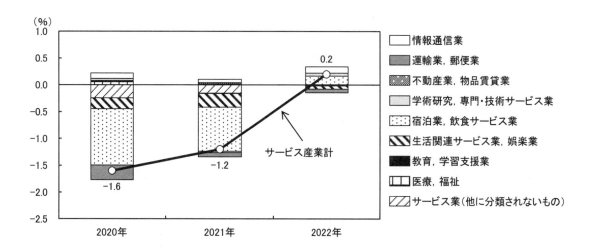

表Ⅰ－1－2　産業大分類別平均事業従事者数の前年比及び寄与度の推移

	実数(人)			前年比(%)			寄与度		
	2020年	2021年	2022年	2020年	2021年	2022年	2020年	2021年	2022年
サービス産業計	29,555,800	29,192,800	29,249,400	-1.6	-1.2	0.2			
情報通信業	1,968,600	1,986,300	2,020,700	1.6	0.9	1.7	0.10	0.06	0.12
運輸業，郵便業	3,372,700	3,349,100	3,329,400	-2.4	-0.7	-0.6	-0.27	-0.08	-0.07
不動産業，物品賃貸業	1,578,800	1,586,500	1,586,600	0.0	0.5	0.0	0.00	0.03	0.00
学術研究，専門・技術サービス業	1,763,700	1,756,200	1,772,000	0.6	-0.4	0.9	0.04	-0.03	0.05
宿泊業，飲食サービス業	5,154,600	4,911,500	4,958,200	-5.8	-4.7	1.0	-1.05	-0.82	0.16
生活関連サービス業，娯楽業	2,450,200	2,374,600	2,357,000	-2.4	-3.1	-0.7	-0.20	-0.26	-0.06
教育，学習支援業	997,800	996,100	995,000	0.5	-0.2	-0.1	0.02	-0.01	0.00
医療，福祉	8,489,600	8,494,900	8,491,300	0.2	0.1	0.0	0.06	0.02	-0.01
サービス業(他に分類されないもの)	3,782,900	3,737,500	3,739,300	-1.9	-1.2	0.0	-0.24	-0.15	0.01

　産業大分類別に前年と比べると、「情報通信業」が1.7%の増加、「宿泊業，飲食サービス業」が1.0%の増加、「学術研究，専門・技術サービス業」が0.9%の増加と3産業で増加となった。

　一方、「生活関連サービス業，娯楽業」が0.7%の減少、「運輸業，郵便業」が0.6%の減少、「教育，学習支援業」が0.1%の減少と3産業で減少、「サービス業（他に分類されないもの）」、「不動産業，物品賃貸業」及び「医療，福祉」が前年と同水準となった。

（表Ⅰ－1－2、図Ⅰ－1－5）

　産業大分類別の構成比をみると、「医療，福祉」が29.0%（849万人）と最も高く、次いで「宿泊業，飲食サービス業」が17.0%（496万人）となり、この2産業でサービス産業全体の4割を超えている。

（表Ⅰ－1－2、図Ⅰ－1－6）

4

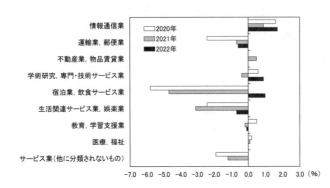

図Ⅰ-1-5
産業大分類別
平均事業従事者数の前年比の推移

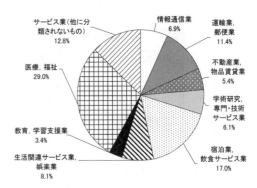

図Ⅰ-1-6
産業大分類別
平均事業従事者数の構成比
（2022年）

2　月別の状況

（1）売上高

　　2022年各月のサービス産業計の売上高の前年同月比の推移をみると、新型コロナウイルス感染症が再拡大した時期があったものの、全ての月で増加となった。特に、5月は3年ぶりに行動制限のない大型連休があり、増加幅が最も大きくなった。これは、主に「宿泊業，飲食サービス業」、「運輸業，郵便業」及び「生活関連サービス業，娯楽業」の増加の寄与が大きかったことなどによる。

　　しかし、新型コロナウイルス感染症の影響がなかった2019年と比較すると、2022年5月のサービス産業計の対2019年同月比は5.2%の減少となっており、新型コロナウイルス感染症拡大前の水準までは回復していない状況である。

（図Ⅰ-2-1、表Ⅰ-2-1）

図Ⅰ-2-1　サービス産業計の各月売上高の前年同月比及び寄与度の推移

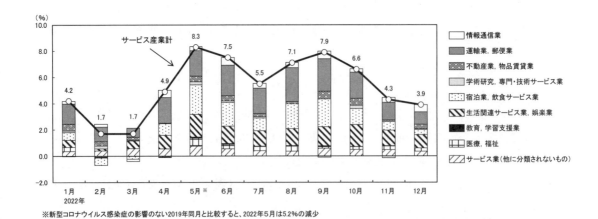

※新型コロナウイルス感染症の影響のない2019年同月と比較すると、2022年5月は5.2%の減少

表Ⅰ－２－１　産業大分類別各月売上高の前年同月比及び寄与度

| | | 2022年 | | | | | | | | | | | |
		1月	2月	3月	4月	5月	6月	7月	8月	9月	10月	11月	12月
前年同月比（％）	サービス産業計	4.2	1.7	1.7	4.9	8.3	7.5	5.5	7.1	7.9	6.6	4.3	3.9
	情報通信業	1.2	1.3	-0.9	3.7	2.0	3.5	2.4	2.6	3.2	1.6	2.4	3.3
	運輸業，郵便業	10.5	7.4	4.9	12.2	12.5	15.3	12.0	16.7	16.3	12.2	8.2	6.1
	不動産業，物品賃貸業	3.8	2.3	1.5	0.3	3.2	2.9	2.0	1.3	4.4	4.2	0.9	2.7
	学術研究，専門・技術サービス業	1.5	2.4	0.5	-0.5	2.7	1.2	1.2	0.0	-0.9	3.0	-1.6	0.6
	宿泊業，飲食サービス業	10.2	-10.4	-4.0	14.9	40.9	36.2	15.4	32.5	45.0	18.7	9.6	5.4
	生活関連サービス業，娯楽業	4.7	1.5	6.3	9.2	14.5	12.4	10.3	11.1	14.2	14.7	10.8	9.1
	教育，学習支援業	-2.6	-5.7	-0.2	0.6	7.4	6.0	3.6	5.2	8.6	2.8	3.0	-0.4
	医療，福祉	1.9	-0.4	-0.1	-0.4	3.7	2.1	1.9	2.2	0.7	1.2	1.6	1.7
	サービス業（他に分類されないもの）	3.2	3.5	5.3	4.9	6.7	4.6	3.4	3.1	5.1	4.2	4.2	3.2
寄与度	情報通信業	0.20	0.22	-0.17	0.56	0.31	0.58	0.37	0.40	0.58	0.25	0.37	0.55
	運輸業，郵便業	1.54	1.10	0.69	1.96	1.93	2.32	1.92	2.57	2.48	1.99	1.35	0.96
	不動産業，物品賃貸業	0.51	0.34	0.22	0.04	0.44	0.39	0.25	0.17	0.59	0.54	0.12	0.34
	学術研究，専門・技術サービス業	0.13	0.22	0.06	-0.04	0.23	0.12	0.10	0.00	-0.09	0.25	-0.14	0.05
	宿泊業，飲食サービス業	0.58	-0.57	-0.21	0.88	2.24	1.82	0.97	1.89	2.12	1.22	0.65	0.39
	生活関連サービス業，娯楽業	0.54	0.16	0.59	1.03	1.75	1.32	1.17	1.29	1.45	1.66	1.18	1.01
	教育，学習支援業	-0.03	-0.06	0.00	0.01	0.07	0.05	0.04	0.05	0.08	0.03	0.03	0.00
	医療，福祉	0.31	-0.07	-0.01	-0.06	0.62	0.34	0.32	0.38	0.11	0.21	0.27	0.25
	サービス業（他に分類されないもの）	0.36	0.40	0.57	0.55	0.76	0.55	0.40	0.36	0.58	0.49	0.48	0.35

（２）事業従事者数

　2022年各月において把握したサービス産業計の事業従事者数の前年同月比の推移をみると、1月から4月まで減少となったものの、5月以降の月では増加となり、9月の増加幅が最も大きくなった。これは、主に「宿泊業，飲食サービス業」の増加の寄与が大きかったことなどによる。

　また、「情報通信業」及び「学術研究，専門・技術サービス業」は全ての月で増加に寄与した。

（図Ⅰ－２－２、表Ⅰ－２－２）

図Ⅰ－２－２　サービス産業計の各月事業従事者数の前年同月比及び寄与度の推移

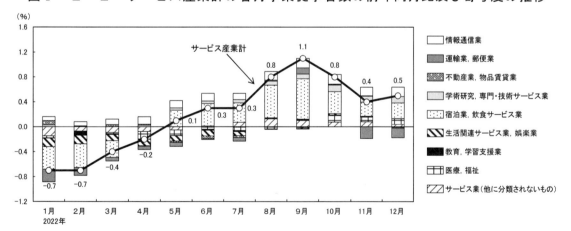

表Ⅰ－２－２　産業大分類別各月事業従事者数の前年同月比及び寄与度

| | | 2022年 | | | | | | | | | | | |
		1月	2月	3月	4月	5月	6月	7月	8月	9月	10月	11月	12月
前年同月比（％）	サービス産業計	-0.7	-0.7	-0.4	-0.2	0.1	0.3	0.3	0.8	1.1	0.8	0.4	0.5
	情報通信業	0.9	1.0	1.3	1.8	1.7	1.8	1.4	2.0	2.2	2.3	2.0	2.2
	運輸業，郵便業	-1.7	-1.1	-0.5	-0.5	-0.6	-0.1	-0.5	0.1	0.9	0.0	-1.6	-1.3
	不動産業，物品賃貸業	1.3	0.1	0.5	0.3	-0.4	-0.8	-0.5	-0.1	-0.2	0.2	0.1	-0.3
	学術研究，専門・技術サービス業	0.5	0.2	0.1	0.5	0.6	0.7	0.9	1.1	1.3	1.7	1.6	1.7
	宿泊業，飲食サービス業	-2.1	-2.2	-1.6	0.0	1.6	2.2	1.9	3.1	3.9	2.1	1.3	1.5
	生活関連サービス業，娯楽業	-1.7	-1.7	-1.2	-1.3	-1.0	-1.1	-0.8	0.0	-0.2	0.3	0.0	-0.1
	教育，学習支援業	-0.1	-1.7	-0.4	-0.2	-0.1	-0.5	-0.5	0.5	0.7	0.3	0.5	0.1
	医療，福祉	-0.1	0.0	-0.1	-0.4	-0.3	-0.1	-0.2	-0.1	0.0	0.4	0.3	0.3
	サービス業（他に分類されないもの）	-1.1	-0.6	-0.7	-0.6	-0.4	0.1	0.6	1.0	0.8	0.6	0.6	0.3
寄与度	情報通信業	0.06	0.07	0.09	0.12	0.12	0.12	0.10	0.14	0.15	0.15	0.14	0.15
	運輸業，郵便業	-0.20	-0.13	-0.06	-0.06	-0.07	-0.01	-0.06	0.01	0.10	0.01	-0.19	-0.15
	不動産業，物品賃貸業	0.07	0.00	0.03	0.01	-0.02	-0.04	-0.03	0.00	-0.01	0.01	0.01	-0.02
	学術研究，専門・技術サービス業	0.03	0.01	0.01	0.03	0.04	0.04	0.05	0.07	0.08	0.11	0.09	0.10
	宿泊業，飲食サービス業	-0.36	-0.38	-0.26	-0.01	0.27	0.36	0.31	0.52	0.65	0.35	0.22	0.25
	生活関連サービス業，娯楽業	-0.14	-0.14	-0.10	-0.10	-0.09	-0.09	-0.07	0.00	-0.02	0.02	0.00	0.00
	教育，学習支援業	0.00	-0.06	-0.01	-0.01	0.00	-0.02	-0.02	0.02	0.02	0.01	0.02	0.00
	医療，福祉	-0.03	-0.01	-0.02	-0.12	-0.09	-0.04	-0.06	-0.04	-0.01	0.10	0.07	0.09
	サービス業（他に分類されないもの）	-0.15	-0.07	-0.09	-0.08	-0.05	0.02	0.07	0.13	0.10	0.08	0.08	0.04

Ⅱ　業種別の概要

1　G　情報通信業

各月売上高の平均	5兆882億円	（前年比　　2.1％増）
平均事業従事者数	202万人	（　同　　　1.7％増）

（1）各月平均の状況

①各月売上高の平均

　　2022年各月の「情報通信業」の売上高の平均は5兆882億円となり、前年と比べると2.1％の増加となった。

　　増加に寄与した主な分類は「情報サービス業」（寄与度 4)2.63）、「インターネット附随サービス業」（同0.45）などとなっている。

（図Ⅱ－1－1－1、表Ⅱ－1－1－1）

$$注4）寄与度＝\frac{当期当該産業分類の売上高－前期当該産業分類の売上高}{前期産業大分類の売上高}×100$$

　　事業従事者数についても同様。以下同じ。

図Ⅱ－1－1－1　　情報通信業の各月売上高平均の前年比及び寄与度の推移

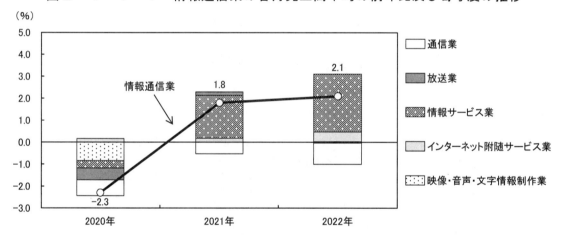

表Ⅱ－1－1－1　　産業中分類別各月売上高平均の前年比及び寄与度の推移

	実数（百万円）			前年比（%）			寄与度		
	2020年	2021年	2022年	2020年	2021年	2022年	2020年	2021年	2022年
情 報 通 信 業	4,894,688	4,983,495	5,088,221	-2.3	1.8	2.1			
通 信 業	1,607,364	1,581,731	1,533,513	-2.2	-1.6	-3.0	-0.72	-0.52	-0.97
放 送 業	289,676	297,542	295,860	-8.5	2.7	-0.6	-0.54	0.16	-0.03
情 報 サ ー ビ ス 業	2,172,314	2,267,879	2,399,098	-0.8	4.4	5.8	-0.34	1.95	2.63
インターネット附随サービス業	336,898	345,691	367,959	2.5	2.6	6.4	0.16	0.18	0.45
映 像 ・ 音 声 ・ 文 字 情 報 制 作 業	490,589	490,652	491,790	-7.9	0.0	0.2	-0.84	0.00	0.02

　　産業中分類別に前年と比べると、「インターネット附随サービス業」が6.4％の増加、「情報サービス業」が5.8％の増加、「映像・音声・文字情報制作業」が0.2％の増加となったが、「通信業」が3.0％の減少、「放送業」が0.6％の減少となった。

（表Ⅱ－1－1－1、図Ⅱ－1－1－2）

　　産業中分類別の構成比をみると、「情報サービス業」が47.2％（2兆3991億円）と最も高く、次いで「通信業」が30.1％（1兆5335億円）となり、この2分類で「情報通信業」の8割近くを占めている。

（表Ⅱ－1－1－1、図Ⅱ－1－1－3）

8

図Ⅱ－1－1－2
産業中分類別
各月売上高平均の前年比の推移

図Ⅱ－1－1－3
産業中分類別
各月売上高平均の
構成比（2022年）

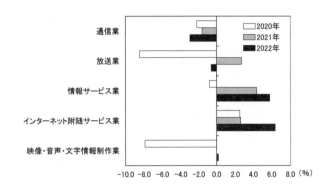

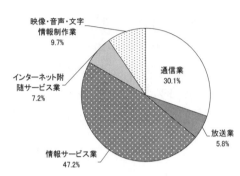

②平均事業従事者数

　2022年各月において把握した「情報通信業」の事業従事者数の平均は202万人となり、前年と比べると1.7%の増加となった。

　増加に寄与した主な分類は「情報サービス業」（寄与度1.58）などとなっている。
（図Ⅱ－1－1－4、表Ⅱ－1－1－2）

図Ⅱ－1－1－4　情報通信業の平均事業従事者数の前年比及び寄与度の推移

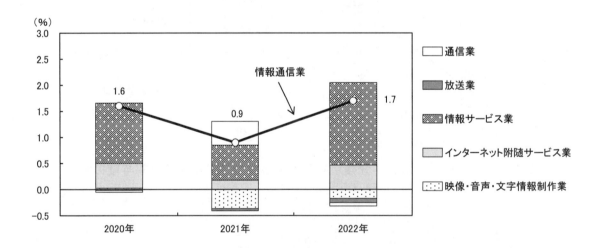

表Ⅱ－1－1－2　産業中分類別平均事業従事者数の前年比及び寄与度の推移

	実数（人）			前年比（%）			寄与度		
	2020年	2021年	2022年	2020年	2021年	2022年	2020年	2021年	2022年
情報通信業	1,968,600	1,986,300	2,020,700	1.6	0.9	1.7			
通信業	192,800	201,800	200,500	-0.4	4.7	-0.6	-0.04	0.46	-0.07
放送業	82,200	81,400	79,800	-0.4	-1.0	-2.0	-0.02	-0.04	-0.08
情報サービス業	1,303,700	1,316,900	1,348,300	1.7	1.0	2.4	1.16	0.67	1.58
インターネット附随サービス業	134,100	137,600	146,900	7.3	2.6	6.8	0.47	0.18	0.47
映像・音声・文字情報制作業	255,800	248,600	245,200	0.2	-2.8	-1.4	0.03	-0.37	-0.17

　産業中分類別に前年と比べると、「インターネット附随サービス業」が6.8%の増加、「情報サービス業」が2.4%の増加となったが、「放送業」が2.0%の減少、「映像・音声・文字情報制作業」が1.4%の減少、「通信業」が0.6%の減少となった。
（表Ⅱ－1－1－2、図Ⅱ－1－1－5）

　産業中分類別の構成比をみると、「情報サービス業」が 66.7%（135 万人）と最も高く、「情報通信業」の６割を超えている。

（表Ⅱ－１－１－２、図Ⅱ－１－１－６）

図Ⅱ－１－１－５
産業中分類別
平均事業従事者数の前年比の推移

図Ⅱ－１－１－６
産業中分類別
平均事業従事者数の構成比
（2022 年）

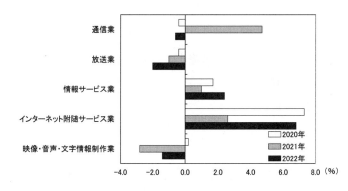

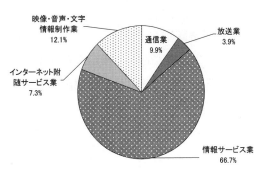

（２）月別の状況

①売上高

　2022 年各月の「情報通信業」の売上高の前年同月比の推移をみると、３月に減少となったものの、それ以外の月では増加となり、４月の増加幅が最も大きくなった。これは、主に「情報サービス業」が増加に寄与したことなどによる。

（図Ⅱ－１－２－１、表Ⅱ－１－２－１）

図Ⅱ－１－２－１　情報通信業の各月売上高の前年同月比及び寄与度の推移

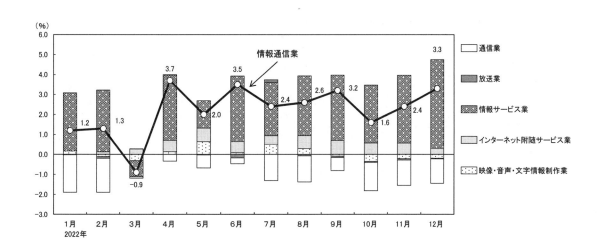

表Ⅱ－1－2－1　産業中分類別各月売上高の前年同月比及び寄与度

| | | | 2022年 | | | | | | | | | | | |
			1月	2月	3月	4月	5月	6月	7月	8月	9月	10月	11月	12月
前年同月比（％）	情報通信業		1.2	1.3	-0.9	3.7	2.0	3.5	2.4	2.6	3.2	1.6	2.4	3.3
	通信業		-5.3	-4.8	-0.3	-1.0	-1.9	-0.9	-3.9	-3.9	-2.3	-4.2	-3.8	-4.2
	放送業		-0.1	-1.5	0.3	0.5	-0.4	-3.1	2.0	-1.1	-1.2	-0.7	-1.0	-0.5
	情報サービス業		7.1	7.4	-1.5	8.0	3.3	6.8	6.3	7.0	6.4	6.9	8.0	9.0
	インターネット附随サービス業		-0.2	1.8	4.7	7.9	9.4	8.6	5.7	8.9	11.4	7.9	7.7	4.4
	映像・音声・文字情報制作業		1.6	-1.1	-3.2	1.2	6.7	0.9	5.0	2.9	-1.0	-3.4	-2.1	-2.0
寄与度	通信業		-1.87	-1.70	-0.07	-0.34	-0.65	-0.29	-1.31	-1.30	-0.66	-1.42	-1.27	-1.22
	放送業		0.00	-0.09	0.01	0.03	-0.03	-0.18	0.13	-0.07	-0.07	-0.05	-0.07	-0.03
	情報サービス業		2.91	3.09	-0.80	3.26	1.36	3.27	2.66	2.98	3.27	2.89	3.39	4.45
	インターネット附随サービス業		-0.02	0.13	0.27	0.57	0.68	0.57	0.43	0.66	0.70	0.58	0.57	0.30
	映像・音声・文字情報制作業		0.17	-0.11	-0.31	0.13	0.64	0.08	0.51	0.29	-0.09	-0.35	-0.22	-0.19

②事業従事者数

　2022 年各月において把握した「情報通信業」の事業従事者数の前年同月比の推移をみると、全ての月で増加となった。また、「情報サービス業」及び「インターネット附随サービス業」が全ての月で増加に寄与した。

（図Ⅱ－1－2－2、表Ⅱ－1－2－2）

図Ⅱ－1－2－2　情報通信業の各月事業従事者数の前年同月比及び寄与度の推移

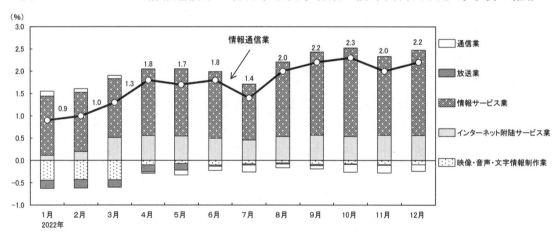

表Ⅱ－1－2－2　産業中分類別各月事業従事者数の前年同月比及び寄与度

| | | | 2022年 | | | | | | | | | | | |
			1月	2月	3月	4月	5月	6月	7月	8月	9月	10月	11月	12月
前年同月比（％）	情報通信業		0.9	1.0	1.3	1.8	1.7	1.8	1.4	2.0	2.2	2.3	2.0	2.2
	通信業		1.1	0.8	0.7	-0.3	-1.1	-0.9	-1.5	-0.8	-0.7	-1.7	-1.7	-1.4
	放送業		-4.5	-4.6	-4.0	-3.9	-3.5	-0.6	-0.7	-0.6	-0.6	-0.4	-0.2	0.0
	情報サービス業		2.0	2.0	2.0	2.2	2.3	2.3	1.9	2.5	2.8	3.0	2.7	2.9
	インターネット附随サービス業		1.6	2.8	7.4	8.1	8.0	7.2	6.6	7.7	8.2	7.7	8.1	8.1
	映像・音声・文字情報制作業		-3.4	-3.3	-3.4	-0.8	-0.6	-0.8	-0.6	-0.4	-0.7	-0.6	-0.8	-0.8
寄与度	通信業		0.11	0.08	0.07	-0.03	-0.11	-0.10	-0.16	-0.09	-0.08	-0.17	-0.18	-0.15
	放送業		-0.19	-0.19	-0.17	-0.16	-0.15	-0.03	-0.03	-0.03	-0.03	-0.02	-0.01	0.00
	情報サービス業		1.33	1.33	1.32	1.49	1.51	1.50	1.26	1.67	1.86	1.99	1.77	1.91
	インターネット附随サービス業		0.11	0.20	0.51	0.56	0.55	0.50	0.46	0.53	0.56	0.53	0.56	0.56
	映像・音声・文字情報制作業		-0.44	-0.43	-0.43	-0.10	-0.07	-0.11	-0.08	-0.06	-0.09	-0.08	-0.10	-0.10

2　H　運輸業，郵便業

各月売上高の平均	5兆2010億円	（前年比　　11.1%増）
平均事業従事者数	333万人	（　同　　　0.6%減）

（1）各月平均の状況

①各月売上高の平均

　　2022年各月の「運輸業，郵便業」の売上高の平均は5兆2010億円となり、前年と比べると11.1%の増加となった。

　　増加に寄与した主な分類は「航空運輸業，郵便業（信書便事業を含む）」（寄与度2.36）、「水運業」（同2.34）などとなっている。

（図Ⅱ－2－1－1、表Ⅱ－2－1－1）

図Ⅱ－2－1－1　運輸業，郵便業の各月売上高平均の
前年比及び寄与度の推移

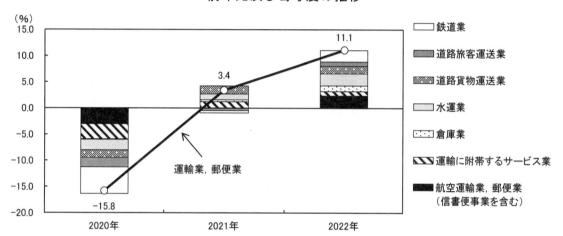

表Ⅱ－2－1－1　産業中分類別各月売上高平均の前年比及び寄与度の推移

	実数（百万円）			前年比（%）			寄与度		
	2020年	2021年	2022年	2020年	2021年	2022年	2020年	2021年	2022年
運　輸　業，　郵　便　業	4,529,930	4,682,977	5,200,976	-15.8	3.4	11.1			
鉄　　　　道　　　　業	419,533	399,159	501,594	-39.4	-4.9	25.7	-5.07	-0.45	2.19
道　路　旅　客　運　送　業	212,710	191,699	230,355	-31.6	-9.9	20.2	-1.82	-0.46	0.83
道　路　貨　物　運　送　業	1,934,427	2,003,402	2,070,914	-3.8	3.6	3.4	-1.43	1.52	1.44
水　　　　運　　　　業	402,295	452,465	562,112	-21.4	12.5	24.2	-2.04	1.11	2.34
倉　　　　　　　　　　庫　　　　業	349,131	365,473	415,459	-1.7	4.7	13.7	-0.11	0.36	1.07
運輸に附帯するサービス業	1,066,351	1,120,527	1,159,897	-12.7	5.1	3.5	-2.88	1.20	0.84
航空運輸業，郵便業（信書便事業を含む）	148,863	150,253	260,646	-52.2	0.9	73.5	-3.02	0.03	2.36

　　産業中分類別に前年と比べると、「航空運輸業，郵便業（信書便事業を含む）」が73.5%の増加、「鉄道業」が25.7%の増加、「水運業」が24.2%の増加、「道路旅客運送業」が20.2%の増加、「倉庫業」が13.7%の増加、「運輸に附帯するサービス業」が3.5%の増加、「道路貨物運送業」が3.4%の増加となった。

（表Ⅱ－2－1－1、図Ⅱ－2－1－2）

　　産業中分類別の構成比をみると、「道路貨物運送業」が39.8%（2兆709億円）と最も高く、次いで「運輸に附帯するサービス業」が22.3%（1兆1599億円）となり、この2分類で「運輸業，郵便業」の6割を超えている。

（表Ⅱ－2－1－1、図Ⅱ－2－1－3）

図Ⅱ－2－1－2
産業中分類別
各月売上高平均の前年比の推移

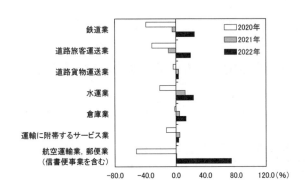

図Ⅱ－2－1－3
産業中分類別
各月売上高平均の構成比
（2022年）

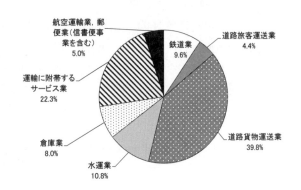

②平均事業従事者数

　2022年各月において把握した「運輸業，郵便業」の事業従事者数の平均は333万人となり、前年と比べると0.6%の減少となった。

　減少に寄与した主な分類は「道路貨物運送業」（寄与度-0.55）などとなっている。

（図Ⅱ－2－1－4、表Ⅱ－2－1－2）

図Ⅱ－2－1－4　運輸業，郵便業の平均事業従事者数の前年比及び寄与度の推移

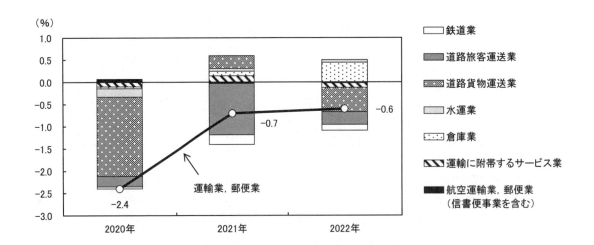

表Ⅱ－2－1－2　産業中分類別平均事業従事者数の前年比及び寄与度の推移

	実数（人）			前年比（%）			寄与度		
	2020年	2021年	2022年	2020年	2021年	2022年	2020年	2021年	2022年
運 輸 業 ， 郵 便 業	3,372,700	3,349,100	3,329,400	-2.4	-0.7	-0.6			
鉄 道 業	265,100	257,800	253,400	-0.6	-2.8	-1.7	-0.05	-0.22	-0.13
道 路 旅 客 運 送 業	510,800	471,800	462,100	-1.6	-7.6	-2.1	-0.23	-1.16	-0.29
道 路 貨 物 運 送 業	1,827,400	1,837,100	1,818,800	-3.3	0.5	-1.0	-1.79	0.29	-0.55
水 運 業	52,500	54,600	56,600	-10.9	4.0	3.7	-0.19	0.06	0.06
倉 庫 業	207,600	211,100	225,900	-0.7	1.7	7.0	-0.04	0.10	0.44
運 輸 に 附 帯 す る サ ー ビ ス 業	452,500	457,300	453,900	-0.7	1.1	-0.7	-0.10	0.14	-0.10
航空運輸業,郵便業(信書便事業を含む)	60,400	59,400	58,700	4.1	-1.7	-1.2	0.07	-0.03	-0.02

　産業中分類別に前年と比べると、「道路旅客運送業」が 2.1％の減少、「鉄道業」が 1.7％の減少、「航空運輸業，郵便業（信書便事業を含む）」が 1.2％の減少、「道路貨物運送業」が 1.0％の減少、「運輸に附帯するサービス業」が 0.7％の減少となったが、「倉庫業」が 7.0％の増加、「水運業」が 3.7％の増加となった。

（表Ⅱ－2－1－2、図Ⅱ－2－1－5）

　産業中分類別の構成比をみると、「道路貨物運送業」が 54.6％（182 万人）と最も高く、「運輸業，郵便業」の 5 割を超えている。

（表Ⅱ－2－1－2、図Ⅱ－2－1－6）

図Ⅱ－2－1－5
産業中分類別
平均事業従事者数の前年比の推移

図Ⅱ－2－1－6
産業中分類別
平均事業従事者数の構成比
（2022 年）

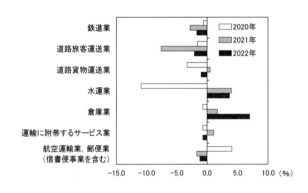
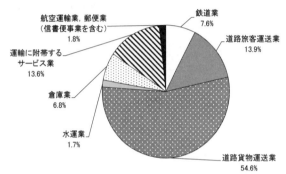

（2）月別の状況

①売上高

　2022 年各月の「運輸業，郵便業」の売上高の前年同月比の推移をみると、全ての月で増加となった。また、「鉄道業」、「道路貨物運送業」、「水運業」、「倉庫業」及び「航空運輸業，郵便業（信書便事業を含む）」が全ての月で増加に寄与した。

（図Ⅱ－2－2－1、表Ⅱ－2－2－1）

図Ⅱ－2－2－1　運輸業，郵便業の各月売上高の前年同月比及び寄与度の推移

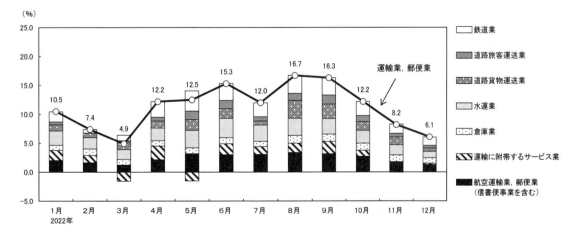

表Ⅱ－2－2－1　産業中分類別各月売上高の前年同月比及び寄与度

		2022年											
		1月	2月	3月	4月	5月	6月	7月	8月	9月	10月	11月	12月
前年同月比（％）	運輸業，郵便業	10.5	7.4	4.9	12.2	12.5	15.3	12.0	16.7	16.3	12.2	8.2	6.1
	鉄道業	21.5	8.0	12.2	31.6	44.1	36.7	28.6	38.9	34.8	25.6	17.1	15.3
	道路旅客運送業	12.0	-0.4	7.2	16.0	38.6	36.7	16.8	30.7	42.7	24.1	13.8	10.6
	道路貨物運送業	2.4	1.7	2.9	2.9	4.3	3.7	1.6	7.2	5.8	3.6	3.3	1.4
	水運業	27.5	23.2	19.7	25.6	31.1	34.4	28.4	27.9	27.7	21.4	17.0	11.1
	倉庫業	10.8	13.9	13.2	12.3	12.9	13.0	12.0	17.1	15.8	15.8	14.9	12.2
	運輸に附帯するサービス業	7.5	5.3	-5.9	9.3	-5.9	8.0	5.7	6.8	8.9	4.7	-0.2	1.0
	航空運輸業,郵便業（信書便事業を含む）	75.9	62.2	39.9	68.8	115.1	109.6	93.2	96.8	102.1	76.6	46.9	32.6
寄与度	鉄道業	1.77	0.64	1.00	2.69	3.48	2.91	2.41	3.13	2.98	2.43	1.58	1.45
	道路旅客運送業	0.48	-0.01	0.29	0.64	1.49	1.45	0.73	1.22	1.57	1.03	0.62	0.47
	道路貨物運送業	1.08	0.78	1.22	1.22	1.82	1.64	0.70	3.07	2.49	1.50	1.38	0.58
	水運業	2.50	2.00	1.71	2.22	3.07	3.36	2.84	2.96	2.70	2.24	1.76	1.10
	倉庫業	0.87	1.10	0.97	0.94	1.01	1.05	0.93	1.37	1.28	1.23	1.15	0.92
	運輸に附帯するサービス業	1.76	1.27	-1.56	2.35	-1.52	1.90	1.33	1.60	2.15	1.07	-0.04	0.21
	航空運輸業,郵便業（信書便事業を含む）	2.02	1.63	1.24	2.14	3.18	3.01	3.06	3.39	3.15	2.69	1.79	1.31

②事業従事者数

　2022年各月において把握した「運輸業，郵便業」の事業従事者数の前年同月比の推移をみると、1月の減少幅が最も大きくなった。これは、主に「道路旅客運送業」が減少に寄与したことなどによる。また、「鉄道業」及び「道路旅客運送業」が全ての月で減少に寄与した。

（図Ⅱ－2－2－2、表Ⅱ－2－2－2）

図Ⅱ－2－2－2　運輸業，郵便業の各月事業従事者数の前年同月比及び寄与度の推移

表Ⅱ－2－2－2　産業中分類別各月事業従事者数の前年同月比及び寄与度

		2022年											
		1月	2月	3月	4月	5月	6月	7月	8月	9月	10月	11月	12月
前年同月比（％）	運輸業，郵便業	-1.7	-1.1	-0.5	-0.5	-0.6	-0.1	-0.5	0.1	0.9	0.0	-1.6	-1.3
	鉄道業	-2.9	-3.0	-1.2	-1.5	-1.5	-1.3	-1.3	-1.3	-1.3	-1.4	-1.8	-1.8
	道路旅客運送業	-5.3	-4.1	-2.0	-3.2	-3.2	-2.1	-0.8	-0.6	-0.1	-0.2	-0.8	-1.8
	道路貨物運送業	-1.4	-0.5	-0.3	-0.4	-1.0	-0.4	-1.6	-0.6	0.7	-0.7	-3.3	-2.4
	水運業	5.4	6.2	8.3	7.6	3.4	2.3	2.7	1.8	2.9	2.3	2.5	0.2
	倉庫業	6.2	6.3	7.3	5.3	7.1	7.5	7.6	8.5	7.4	7.3	6.8	7.0
	運輸に附帯するサービス業	-2.8	-2.8	-3.7	-1.0	0.6	0.0	0.2	0.8	0.4	0.2	-0.3	-0.4
	航空運輸業,郵便業（信書便事業を含む）	-4.6	-4.4	-3.9	-1.3	-0.5	-0.3	0.2	0.2	0.3	0.2	0.7	0.5
寄与度	鉄道業	-0.23	-0.24	-0.10	-0.12	-0.12	-0.10	-0.10	-0.10	-0.10	-0.10	-0.14	-0.14
	道路旅客運送業	-0.76	-0.59	-0.29	-0.45	-0.47	-0.29	-0.11	-0.09	-0.02	-0.03	-0.11	-0.25
	道路貨物運送業	-0.75	-0.29	-0.14	-0.21	-0.55	-0.22	-0.86	-0.35	0.39	-0.37	-1.83	-1.35
	水運業	0.08	0.10	0.13	0.12	0.06	0.04	0.04	0.03	0.05	0.04	0.04	0.00
	倉庫業	0.38	0.39	0.45	0.33	0.44	0.48	0.48	0.54	0.48	0.47	0.43	0.44
	運輸に附帯するサービス業	-0.38	-0.38	-0.51	-0.13	0.08	-0.01	0.03	0.10	0.05	0.03	-0.04	-0.06
	航空運輸業,郵便業（信書便事業を含む）	-0.08	-0.08	-0.07	-0.02	-0.01	-0.01	0.00	0.00	0.01	0.00	0.01	0.01

3 K 不動産業，物品賃貸業

各月売上高の平均	4兆1930億円	（前年比	2.4%増）
平均事業従事者数	159万人	（ 同	同水準）

（1）各月平均の状況

①各月売上高の平均

　2022年各月の「不動産業，物品賃貸業」の売上高の平均は4兆1930億円となり、前年と比べると2.4%の増加となった。

　増加に寄与した主な分類は「不動産賃貸業・管理業」（寄与度1.90）などとなっている。

（図Ⅱ－3－1－1、表Ⅱ－3－1－1）

図Ⅱ－3－1－1　不動産業，物品賃貸業の各月売上高平均の前年比及び寄与度の推移

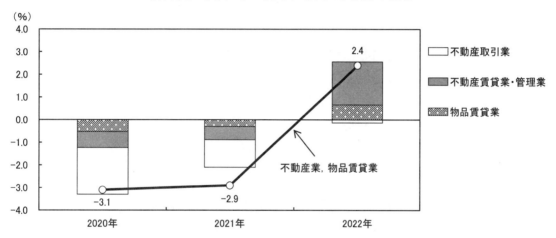

表Ⅱ－3－1－1　産業中分類別各月売上高平均の前年比及び寄与度の推移

	実数（百万円）			前年比（%）			寄与度		
	2020年	2021年	2022年	2020年	2021年	2022年	2020年	2021年	2022年
不動産業，物品賃貸業	4,217,742	4,093,893	4,193,040	-3.1	-2.9	2.4			
不動産取引業	1,307,255	1,255,999	1,250,359	-6.4	-3.9	-0.4	-2.06	-1.22	-0.14
不動産賃貸業・管理業	1,806,678	1,781,983	1,859,763	-1.7	-1.4	4.4	-0.71	-0.59	1.90
物品賃貸業	1,068,576	1,055,912	1,082,918	-2.1	-1.2	2.6	-0.53	-0.30	0.66

　産業中分類別に前年と比べると、「不動産賃貸業・管理業」が4.4%の増加、「物品賃貸業」が2.6%の増加となったが、「不動産取引業」が0.4%の減少となった。

（表Ⅱ－3－1－1、図Ⅱ－3－1－2）

　産業中分類別の構成比をみると、「不動産賃貸業・管理業」が44.4%（1兆8598億円）と最も高く、次いで「不動産取引業」が29.8%（1兆2504億円）、「物品賃貸業」が25.8%（1兆829億円）となっている。

（表Ⅱ－3－1－1、図Ⅱ－3－1－3）

16

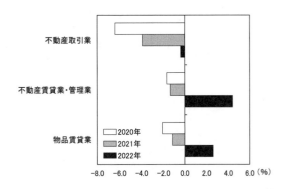

図Ⅱ－3－1－2
産業中分類別
各月売上高平均の前年比の推移

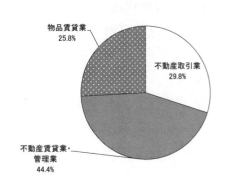

図Ⅱ－3－1－3
産業中分類別
各月売上高平均の
構成比（2022年）

②平均事業従事者数

　2022年各月において把握した「不動産業，物品賃貸業」の事業従事者数の平均は
159万人となり、前年と同水準となった。

　増加に寄与した主な分類は「物品賃貸業」（寄与度 0.32）など、減少に寄与した
分類は「不動産賃貸業・管理業」（同-0.49）となっている。

（図Ⅱ－3－1－4、表Ⅱ－3－1－2）

図Ⅱ－3－1－4　不動産業，物品賃貸業の
平均事業従事者数の前年比及び寄与度の推移

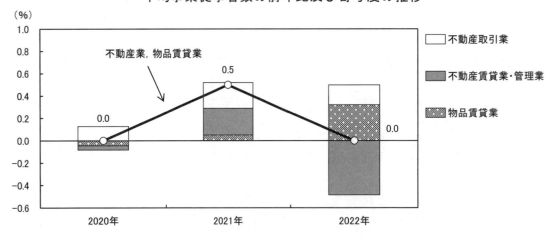

表Ⅱ－3－1－2　産業中分類別平均事業従事者数の前年比及び寄与度の推移

	実数（人）			前年比（%）			寄与度		
	2020年	2021年	2022年	2020年	2021年	2022年	2020年	2021年	2022年
不動産業，物品賃貸業	1,578,800	1,586,500	1,586,600	0.0	0.5	0.0			
不動産取引業	330,400	334,000	336,800	0.6	1.1	0.8	0.13	0.23	0.18
不動産賃貸業・管理業	943,300	947,100	939,400	-0.1	0.4	-0.8	-0.04	0.24	-0.49
物品賃貸業	304,600	305,400	310,500	-0.2	0.3	1.7	-0.04	0.05	0.32

　産業中分類別に前年と比べると、「物品賃貸業」が1.7%の増加、「不動産取引業」が0.8%の増加となったが、「不動産賃貸業・管理業」が0.8%の減少となった。

（表Ⅱ－3－1－2、図Ⅱ－3－1－5）

　産業中分類別の構成比をみると、「不動産賃貸業・管理業」が59.2%（94万人）と最も高く、「不動産業，物品賃貸業」の6割近くを占めている。

（表Ⅱ－3－1－2、図Ⅱ－3－1－6）

図Ⅱ－3－1－5
産業中分類別
平均事業従事者数の前年比の推移

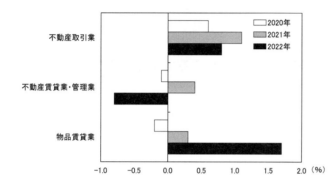

図Ⅱ－3－1－6
産業中分類別
平均事業従事者数の構成比
（2022年）

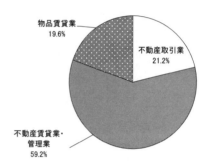

（2）月別の状況

①売上高

　2022年各月の「不動産業，物品賃貸業」の売上高の前年同月比の推移をみると、全ての月で増加となった。また、「不動産賃貸業・管理業」及び「物品賃貸業」が全ての月で増加に寄与した。

（図Ⅱ－3－2－1、表Ⅱ－3－2－1）

図Ⅱ－3－2－1　不動産業，物品賃貸業の各月売上高の
前年同月比及び寄与度の推移

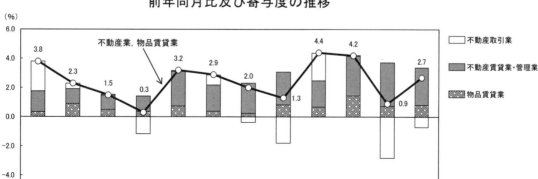

18

表Ⅱ－3－2－1　産業中分類別各月売上高の前年同月比及び寄与度

		2022年											
		1月	2月	3月	4月	5月	6月	7月	8月	9月	10月	11月	12月
前比年〜同％月〜	不動産業，物品賃貸業	3.8	2.3	1.5	0.3	3.2	2.9	2.0	1.3	4.4	4.2	0.9	2.7
	不動産取引業	7.9	1.2	0.1	−3.8	0.1	2.3	−1.3	−6.6	6.2	0.2	−9.4	−2.2
	不動産賃貸業・管理業	3.1	2.4	2.7	2.4	5.3	4.1	4.6	4.9	4.1	5.9	6.9	6.2
	物品賃貸業	1.2	3.6	2.3	1.4	2.9	1.5	0.9	3.1	2.6	5.3	2.7	3.1
寄与度	不動産取引業	2.03	0.37	0.06	−1.16	0.04	0.68	−0.37	−1.79	1.89	0.06	−2.81	−0.71
	不動産賃貸業・管理業	1.43	1.03	0.99	1.06	2.38	1.80	2.08	2.26	1.80	2.70	2.99	2.57
	物品賃貸業	0.34	0.90	0.49	0.37	0.74	0.39	0.24	0.83	0.68	1.46	0.73	0.81

②事業従事者数

　2022 年各月において把握した「不動産業，物品賃貸業」の事業従事者数の前年同月比の推移をみると、増加幅では１月、減少幅では６月が最も大きくなった。１月は主に「不動産取引業」が増加に、６月は「不動産賃貸業・管理業」が減少に寄与している。

（図Ⅱ－3－2－2、表Ⅱ－3－2－2）

図Ⅱ－3－2－2　不動産業，物品賃貸業の各月事業従事者数の
前年同月比及び寄与度の推移

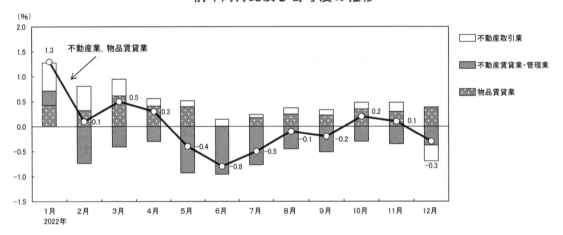

表Ⅱ－3－2－2　産業中分類別各月事業従事者数の前年同月比及び寄与度

		2022年											
		1月	2月	3月	4月	5月	6月	7月	8月	9月	10月	11月	12月
前比年〜同％月〜	不動産業，物品賃貸業	1.3	0.1	0.5	0.3	−0.4	−0.8	−0.5	−0.1	−0.2	0.2	0.1	−0.3
	不動産取引業	2.7	2.3	1.6	0.7	0.6	0.7	0.3	0.6	0.5	0.6	0.9	−1.5
	不動産賃貸業・管理業	0.5	−1.2	−0.7	−0.5	−1.6	−1.6	−1.3	−0.8	−0.9	−0.5	−0.6	−0.6
	物品賃貸業	2.3	1.7	3.3	2.1	2.1	0.0	0.9	1.3	1.2	1.8	1.5	2.0
寄与度	不動産取引業	0.56	0.49	0.34	0.15	0.12	0.14	0.06	0.13	0.11	0.13	0.18	−0.32
	不動産賃貸業・管理業	0.29	−0.74	−0.41	−0.30	−0.93	−0.96	−0.77	−0.45	−0.51	−0.30	−0.35	−0.38
	物品賃貸業	0.43	0.32	0.61	0.41	0.40	0.01	0.18	0.25	0.23	0.35	0.30	0.38

4 L 学術研究，専門・技術サービス業

各月売上高の平均	2兆8562億円	（前年比	0.8%増）
平均事業従事者数	177万人	（ 同	0.9%増）

（1）各月平均の状況

①各月売上高の平均

2022年各月の「学術研究，専門・技術サービス業」の売上高の平均は2兆8562億円となり、前年と比べると0.8%の増加となった。

増加に寄与した分類は「技術サービス業（他に分類されないもの）」（寄与度1.26）となっている。

（図Ⅱ－4－1－1、表Ⅱ－4－1－1）

図Ⅱ－4－1－1　学術研究，専門・技術サービス業の
各月売上高平均の前年比及び寄与度の推移

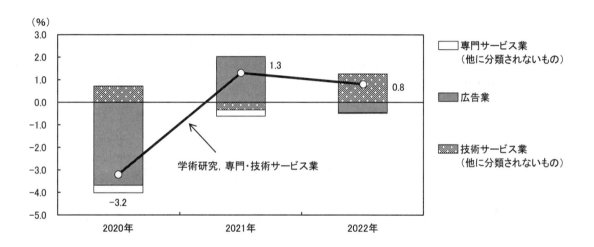

表Ⅱ－4－1－1　産業中分類別各月売上高平均の前年比及び寄与度の推移

	実数（百万円）			前年比（%）			寄与度		
	2020年	2021年	2022年	2020年	2021年	2022年	2020年	2021年	2022年
学術研究，専門・技術サービス業	2,797,143	2,834,406	2,856,183	-3.2	1.3	0.8			
専門サービス業（他に分類されないもの）	808,878	800,897	799,775	-1.2	-1.0	-0.1	-0.34	-0.29	-0.04
広告業	737,249	793,893	781,135	-12.6	7.7	-1.6	-3.68	2.03	-0.45
技術サービス業（他に分類されないもの）	1,248,993	1,239,616	1,275,273	1.7	-0.8	2.9	0.72	-0.34	1.26

産業中分類別に前年と比べると、「技術サービス業（他に分類されないもの）」が2.9%の増加となったが、「広告業」が1.6%の減少、「専門サービス業（他に分類されないもの）」が0.1%の減少となった。

（表Ⅱ－4－1－1、図Ⅱ－4－1－2）

産業中分類別の構成比をみると、「技術サービス業（他に分類されないもの）」が44.6%（1兆2753億円）と最も高く、次いで「専門サービス業（他に分類されないもの）」が28.0%（7998億円）、「広告業」が27.3%（7811億円）となっている。

（表Ⅱ－4－1－1、図Ⅱ－4－1－3）

図Ⅱ－4－1－2
産業中分類別
各月売上高平均の前年比の推移

図Ⅱ－4－1－3
産業中分類別
各月売上高平均の
構成比（2022年）

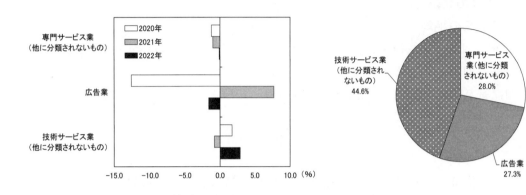

②平均事業従事者数

　2022年各月において把握した「学術研究，専門・技術サービス業」の事業従事者数の平均は177万人となり、前年と比べると0.9%の増加となった。

　増加に寄与した主な分類は「技術サービス業（他に分類されないもの）」（寄与度0.64）などとなっている。

（図Ⅱ－4－1－4、表Ⅱ－4－1－2）

図Ⅱ－4－1－4　学術研究，専門・技術サービス業の
平均事業従事者数の前年比及び寄与度の推移

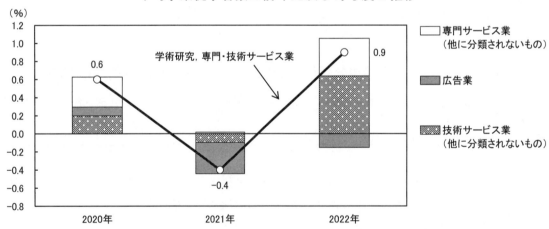

表Ⅱ－4－1－2　産業中分類別平均事業従事者数の前年比及び寄与度の推移

	実数（人）			前年比（%）			寄与度		
	2020年	2021年	2022年	2020年	2021年	2022年	2020年	2021年	2022年
学術研究，専門・技術サービス業	1,763,700	1,756,200	1,772,000	0.6	-0.4	0.9			
専門サービス業（他に分類されないもの）	701,800	702,100	709,400	0.8	0.0	1.0	0.33	0.02	0.42
広告業	144,800	138,700	136,000	1.2	-4.2	-1.9	0.10	-0.35	-0.15
技術サービス業（他に分類されないもの）	917,100	915,400	926,600	0.4	-0.2	1.2	0.20	-0.10	0.64

　産業中分類別に前年と比べると、「技術サービス業（他に分類されないもの）」が1.2%の増加、「専門サービス業（他に分類されないもの）」が1.0%の増加となったが、「広告業」が1.9%の減少となった。

（表Ⅱ－4－1－2、図Ⅱ－4－1－5）

　産業中分類別の構成比をみると、「技術サービス業（他に分類されないもの）」が
52.3％（93万人）と最も高く、「学術研究，専門・技術サービス業」の５割を超えて
いる。

（表Ⅱ－４－１－２、図Ⅱ－４－１－６）

図Ⅱ－４－１－５
産業中分類別
平均事業従事者数の前年比の推移

図Ⅱ－４－１－６
産業中分類別
平均事業従事者数の構成比
（2022年）

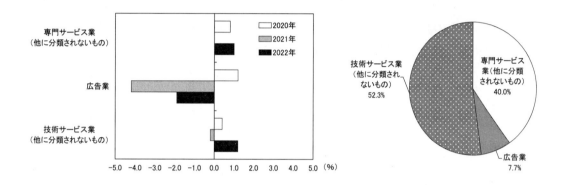

（２）月別の状況
①売上高

　2022年各月の「学術研究，専門・技術サービス業」の売上高の前年同月比の推移
をみると、増加幅では10月、減少幅では11月が最も大きくなった。10月の増加、
11月の減少共に「技術サービス業（他に分類されないもの）」が最も寄与している。

（図Ⅱ－４－２－１、表Ⅱ－４－２－１）

図Ⅱ－４－２－１　学術研究，専門・技術サービス業の各月売上高の
前年同月比及び寄与度の推移

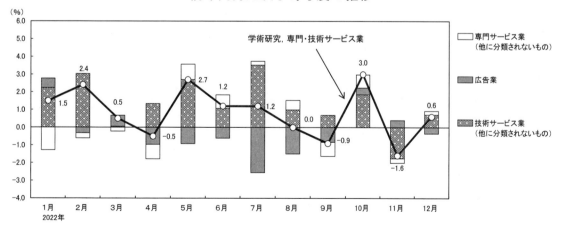

表Ⅱ－４－２－１　産業中分類別各月売上高の前年同月比及び寄与度

		2022年											
		1月	2月	3月	4月	5月	6月	7月	8月	9月	10月	11月	12月
前年同月比（％）	学術研究，専門・技術サービス業	1.5	2.4	0.5	-0.5	2.7	1.2	1.2	0.0	-0.9	3.0	-1.6	0.6
	専門サービス業（他に分類されないもの）	-4.2	-1.0	-0.9	-2.8	2.9	2.8	0.7	1.8	-2.9	2.5	-0.8	0.8
	広　　　　告　　　　業	1.9	-1.1	2.5	-3.3	-3.3	-2.4	-8.3	-5.2	-3.0	1.3	1.4	-1.2
	技術サービス業（他に分類されないもの）	5.5	7.1	0.1	3.2	6.4	2.2	8.9	2.4	1.5	4.7	-4.2	1.6
寄与度	専門サービス業（他に分類されないもの）	-1.28	-0.29	-0.22	-0.82	0.87	0.77	0.21	0.53	-0.80	0.75	-0.25	0.20
	広　　　　告　　　　業	0.53	-0.32	0.62	-0.97	-0.92	-0.61	-2.56	-1.50	-0.83	0.38	0.40	-0.35
	技術サービス業（他に分類されないもの）	2.23	3.03	0.06	1.34	2.71	1.07	3.53	1.00	0.69	1.85	-1.76	0.72

②事業従事者数

　2022年各月において把握した「学術研究，専門・技術サービス業」の事業従事者数の前年同月比の推移をみると、全ての月で増加となった。また、「技術サービス業（他に分類されないもの）」が全ての月で増加に寄与した。

（図Ⅱ－４－２－２、表Ⅱ－４－２－２）

図Ⅱ－４－２－２　学術研究，専門・技術サービス業の各月事業従事者数の
前年同月比及び寄与度の推移

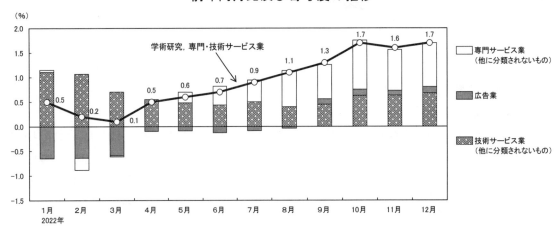

表Ⅱ－４－２－２　産業中分類別各月事業従事者数の前年同月比及び寄与度

		2022年											
		1月	2月	3月	4月	5月	6月	7月	8月	9月	10月	11月	12月
前年同月比（％）	学術研究，専門・技術サービス業	0.5	0.2	0.1	0.5	0.6	0.7	0.9	1.1	1.3	1.7	1.6	1.7
	専門サービス業（他に分類されないもの）	0.1	-0.6	-0.1	0.0	0.5	1.0	1.1	1.9	1.8	2.5	2.1	2.2
	広　　　　告　　　　業	-7.8	-7.7	-7.2	-1.2	-1.1	-1.6	-1.1	-0.4	1.4	1.6	1.3	1.6
	技術サービス業（他に分類されないもの）	2.1	2.1	1.4	1.1	0.9	0.8	1.0	0.8	0.9	1.2	1.2	1.3
寄与度	専門サービス業（他に分類されないもの）	0.05	-0.25	-0.02	0.00	0.22	0.38	0.44	0.74	0.70	1.00	0.83	0.90
	広　　　　告　　　　業	-0.65	-0.64	-0.59	-0.10	-0.09	-0.13	-0.09	-0.03	0.11	0.13	0.10	0.13
	技術サービス業（他に分類されないもの）	1.11	1.07	0.70	0.55	0.48	0.44	0.50	0.40	0.45	0.63	0.63	0.68

5　M　宿泊業，飲食サービス業

各月売上高の平均	2兆698億円	（前年比　16.6%増）
平均事業従事者数	496万人	（　同　　1.0%増）

（1）各月平均の状況

①各月売上高の平均

　　2022年各月の「宿泊業，飲食サービス業」の売上高の平均は2兆698億円となり、前年と比べると16.6%の増加となった。

　　増加に寄与した主な分類は「飲食店」（寄与度9.37）などとなっている。

　　　　　　　　　　　　　　　　　　　　　　　　（図Ⅱ－5－1－1、表Ⅱ－5－1－1）

図Ⅱ－5－1－1　宿泊業，飲食サービス業の
各月売上高平均の前年比及び寄与度の推移

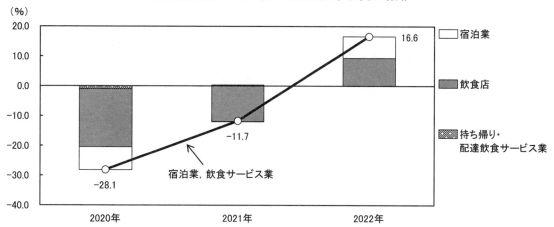

表Ⅱ－5－1－1　産業中分類別各月売上高平均の前年比及び寄与度の推移

	実数（百万円）			前年比（%）			寄与度		
	2020年	2021年	2022年	2020年	2021年	2022年	2020年	2021年	2022年
宿泊業，飲食サービス業	2,009,904	1,775,411	2,069,840	-28.1	-11.7	16.6			
宿泊業	324,832	323,153	451,788	-40.1	-0.5	39.8	-7.77	-0.08	7.25
飲食店	1,453,259	1,214,230	1,380,600	-27.2	-16.4	13.7	-19.39	-11.89	9.37
持ち帰り・配達飲食サービス業	231,593	238,029	237,451	-11.2	2.8	-0.2	-1.04	0.32	-0.03

　　産業中分類別に前年と比べると、「宿泊業」が39.8%の増加、「飲食店」が13.7%の増加となったが、「持ち帰り・配達飲食サービス業」が0.2%の減少となった。

　　　　　　　　　　　　　　　　　　　　　　　　（表Ⅱ－5－1－1、図Ⅱ－5－1－2）

　　産業中分類別の構成比をみると、「飲食店」が66.7%（1兆3806億円）と最も高く、「宿泊業，飲食サービス業」の7割近くを占めている。

　　　　　　　　　　　　　　　　　　　　　　　　（表Ⅱ－5－1－1、図Ⅱ－5－1－3）

24

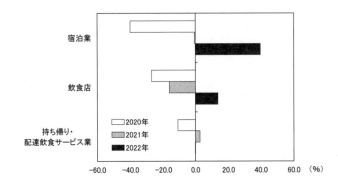

図Ⅱ－5－1－2
産業中分類別
各月売上高平均の前年比の推移

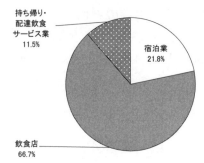

図Ⅱ－5－1－3
産業中分類別
各月売上高平均の
構成比（2022年）

②平均事業従事者数

2022年各月において把握した「宿泊業，飲食サービス業」の事業従事者数の平均は496万人となり、前年と比べると1.0％の増加となった。

増加に寄与した主な分類は「飲食店」（寄与度0.76）などとなっている。

（図Ⅱ－5－1－4、表Ⅱ－5－1－2）

図Ⅱ－5－1－4　宿泊業，飲食サービス業の
平均事業従事者数の前年比及び寄与度の推移

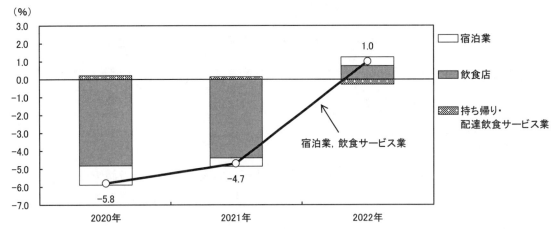

表Ⅱ－5－1－2　産業中分類別平均事業従事者数の前年比及び寄与度の推移

	実数（人）			前年比（%）			寄与度		
	2020年	2021年	2022年	2020年	2021年	2022年	2020年	2021年	2022年
宿泊業，飲食サービス業	5,154,600	4,911,500	4,958,200	-5.8	-4.7	1.0			
宿　　泊　　業	666,500	642,600	666,300	-8.0	-3.6	3.7	-1.06	-0.46	0.48
飲　　食　　店	3,903,900	3,677,500	3,714,600	-6.3	-5.8	1.0	-4.83	-4.39	0.76
持ち帰り・配達飲食サービス業	583,900	591,400	577,200	2.2	1.3	-2.4	0.23	0.15	-0.29

産業中分類別に前年と比べると、「宿泊業」が3.7％の増加、「飲食店」が1.0％の増加となったが、「持ち帰り・配達飲食サービス業」が2.4％の減少となった。

（表Ⅱ－5－1－2、図Ⅱ－5－1－5）

産業中分類別の構成比をみると、「飲食店」が 74.9%（371 万人）と最も高く、「宿泊業，飲食サービス業」の 7 割を超えている。

（表Ⅱ－5－1－2、図Ⅱ－5－1－6）

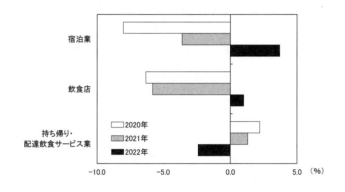

図Ⅱ－5－1－5
産業中分類別
平均事業従事者数の前年比の推移

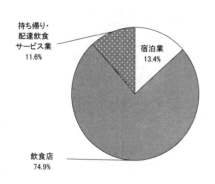

図Ⅱ－5－1－6
産業中分類別
平均事業従事者数の構成比
（2022 年）

（2）月別の状況

①売上高

2022 年各月の「宿泊業，飲食サービス業」の売上高の前年同月比の推移をみると、2 月及び 3 月は減少となったものの、それ以外の月では増加となり、9 月の増加幅が最も大きくなった。これは、主に「飲食店」が増加に寄与したことなどによる。また、「宿泊業」が全ての月で増加に寄与した。

（図Ⅱ－5－2－1、表Ⅱ－5－2－1）

図Ⅱ－5－2－1　宿泊業，飲食サービス業の各月売上高の
前年同月比及び寄与度の推移

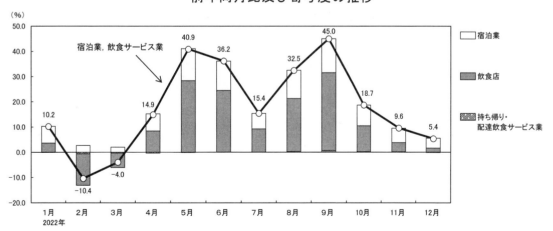

26

表Ⅱ－5－2－1　産業中分類別各月売上高の前年同月比及び寄与度

		2022年											
		1月	2月	3月	4月	5月	6月	7月	8月	9月	10月	11月	12月
前年比（同月%）	宿泊業，飲食サービス業	10.2	-10.4	-4.0	14.9	40.9	36.2	15.4	32.5	45.0	18.7	9.6	5.4
	宿泊業	45.5	19.3	12.4	43.4	68.8	74.2	31.3	46.0	69.9	42.2	27.9	20.4
	飲食店	5.2	-17.6	-8.1	12.1	43.1	35.9	13.7	33.6	47.6	15.1	5.4	2.4
	持ち帰り・配達飲食サービス業	-0.5	-4.3	-2.6	-2.7	-1.1	0.4	0.3	2.1	4.4	1.7	1.4	-1.6
寄与度	宿泊業	6.62	2.71	2.06	6.75	12.62	11.66	6.09	11.21	13.46	8.22	5.69	3.91
	飲食店	3.66	-12.50	-5.76	8.50	28.46	24.45	9.29	21.07	30.88	10.28	3.71	1.70
	持ち帰り・配達飲食サービス業	-0.08	-0.64	-0.33	-0.38	-0.16	0.07	0.04	0.27	0.70	0.21	0.16	-0.17

②事業従事者数

　2022年各月において把握した「宿泊業，飲食サービス業」の事業従事者数の前年同月比の推移をみると、1月から3月まで減少、4月に同水準となったものの、5月以降の月では増加となり、9月の増加幅が最も大きくなった。これは、主に「飲食店」が増加に寄与したことなどによる。また、「宿泊業」が全ての月で増加に寄与した。

（図Ⅱ－5－2－2、表Ⅱ－5－2－2）

図Ⅱ－5－2－2　宿泊業，飲食サービス業の各月事業従事者数の
前年同月比及び寄与度の推移

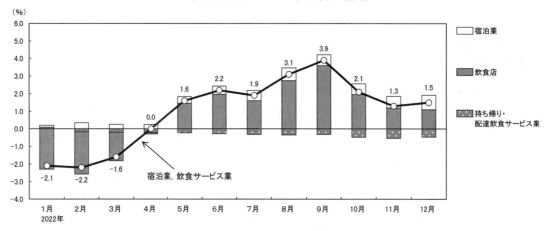

表Ⅱ－5－2－2　産業中分類別各月事業従事者数の前年同月比及び寄与度

		2022年											
		1月	2月	3月	4月	5月	6月	7月	8月	9月	10月	11月	12月
前年比（同月%）	宿泊業，飲食サービス業	-2.1	-2.2	-1.6	0.0	1.6	2.2	1.9	3.1	3.9	2.1	1.3	1.5
	宿泊業	0.8	2.7	2.0	1.9	2.8	3.5	4.4	5.4	4.6	4.6	5.1	6.3
	飲食店	-3.0	-3.2	-2.1	-0.1	2.0	2.6	2.1	3.7	4.8	2.6	1.6	1.5
	持ち帰り・配達飲食サービス業	0.8	-1.5	-1.7	-1.8	-1.9	-2.3	-2.7	-2.9	-2.6	-3.9	-4.4	-3.8
寄与度	宿泊業	0.11	0.34	0.25	0.25	0.38	0.46	0.58	0.73	0.61	0.61	0.66	0.83
	飲食店	-2.30	-2.40	-1.62	-0.08	1.46	1.97	1.61	2.75	3.60	1.96	1.20	1.10
	持ち帰り・配達飲食サービス業	0.09	-0.18	-0.20	-0.21	-0.23	-0.28	-0.33	-0.35	-0.32	-0.48	-0.54	-0.46

6　N　生活関連サービス業，娯楽業

各月売上高の平均	3兆 6568 億円	（前年比	9.9%増）
平均事業従事者数	236 万人	（　同	0.7%減）

（1）各月平均の状況

①各月売上高の平均

　2022 年各月の「生活関連サービス業，娯楽業」の売上高の平均は3兆 6568 億円となり、前年と比べると 9.9%の増加となった。

　増加に寄与した主な分類は「娯楽業」（寄与度 5.59）などとなっている。

（図Ⅱ－6－1－1、表Ⅱ－6－1－1）

図Ⅱ－6－1－1　生活関連サービス業，娯楽業の各月売上高平均の前年比及び寄与度の推移

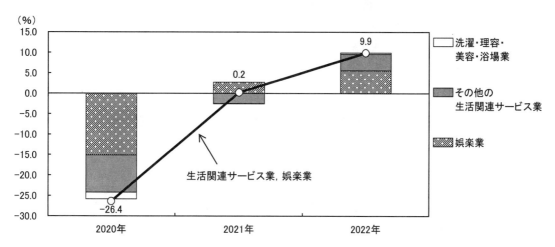

表Ⅱ－6－1－1　産業中分類別各月売上高平均の前年比及び寄与度の推移

	実数（百万円）			前年比（%）			寄与度		
	2020年	2021年	2022年	2020年	2021年	2022年	2020年	2021年	2022年
生活関連サービス業，娯楽業	3,320,526	3,326,280	3,656,778	-26.4	0.2	9.9			
洗濯・理容・美容・浴場業	439,588	437,419	448,880	-14.7	-0.5	2.6	-1.68	-0.07	0.34
その他の生活関連サービス業	466,520	383,236	516,263	-46.7	-17.9	34.7	-9.06	-2.51	4.00
娯楽業	2,415,993	2,505,624	2,691,636	-22.0	3.7	7.4	-15.14	2.70	5.59

　産業中分類別に前年と比べると、「その他の生活関連サービス業」が 34.7%の増加、「娯楽業」が 7.4%の増加、「洗濯・理容・美容・浴場業」が 2.6%の増加となった。

（表Ⅱ－6－1－1、図Ⅱ－6－1－2）

　産業中分類別の構成比をみると、「娯楽業」が 73.6%（2兆 6916 億円）と最も高く、「生活関連サービス業，娯楽業」の7割を超えている。

（表Ⅱ－6－1－1、図Ⅱ－6－1－3）

図Ⅱ－6－1－2
産業中分類別
各月売上高平均の前年比の推移

図Ⅱ－6－1－3
産業中分類別
各月売上高平均の
構成比（2022年）

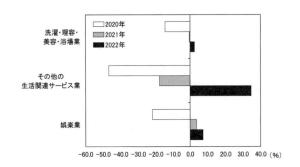

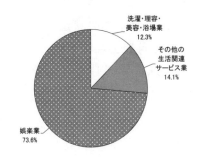

②平均事業従事者数

　2022年各月において把握した「生活関連サービス業，娯楽業」の事業従事者数の平均は236万人となり、前年と比べると0.7%の減少となった。

　減少に寄与した主な分類は「その他の生活関連サービス業」（寄与度-0.55）などとなっている。

(図Ⅱ－6－1－4、表Ⅱ－6－1－2)

図Ⅱ－6－1－4　生活関連サービス業，娯楽業の
平均事業従事者数の前年比及び寄与度の推移

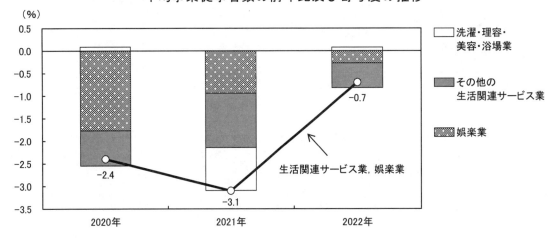

表Ⅱ－6－1－2　産業中分類別平均事業従事者数の前年比及び寄与度の推移

	実数（人）			前年比（%）			寄与度		
	2020年	2021年	2022年	2020年	2021年	2022年	2020年	2021年	2022年
生活関連サービス業，娯楽業	2,450,200	2,374,600	2,357,000	-2.4	-3.1	-0.7			
洗濯・理容・美容・浴場業	1,132,600	1,109,400	1,111,300	0.2	-2.0	0.2	0.09	-0.95	0.08
その他の生活関連サービス業	416,300	386,800	373,700	-4.5	-7.1	-3.4	-0.78	-1.20	-0.55
娯楽業	901,500	878,400	872,000	-4.7	-2.6	-0.7	-1.77	-0.94	-0.27

　産業中分類別に前年と比べると、「その他の生活関連サービス業」が3.4%の減少、「娯楽業」が0.7%の減少となったが、「洗濯・理容・美容・浴場業」が0.2%の増加となった。

(表Ⅱ－6－1－2、図Ⅱ－6－1－5)

　産業中分類別の構成比をみると、「洗濯・理容・美容・浴場業」が47.1%（111万人）と最も高く、次いで「娯楽業」が37.0%（87万人）となり、この2分類で「生活関連サービス業，娯楽業」の8割を超えている。

(表Ⅱ－6－1－2、図Ⅱ－6－1－6)

図Ⅱ－6－1－5
産業中分類別
平均事業従事者数の前年比の推移

図Ⅱ－6－1－6
産業中分類別
平均事業従事者数の構成比
（2022 年）

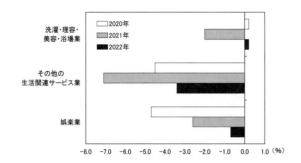

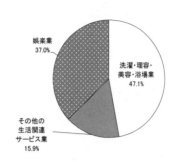

（2）月別の状況

①売上高

　2022 年各月の「生活関連サービス業，娯楽業」の売上高の前年同月比の推移をみると、全ての月で増加となった。また、「その他の生活関連サービス業」及び「娯楽業」が全ての月で増加に寄与した。

（図Ⅱ－6－2－1、表Ⅱ－6－2－1）

図Ⅱ－6－2－1　生活関連サービス業，娯楽業の各月売上高の
前年同月比及び寄与度の推移

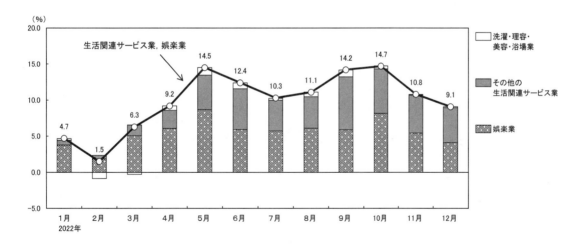

表Ⅱ－6－2－1　産業中分類別各月売上高の前年同月比及び寄与度

		2022年											
		1月	2月	3月	4月	5月	6月	7月	8月	9月	10月	11月	12月
前年同月比（％）	生 活 関 連 サ ー ビ ス 業，娯 楽 業	4.7	1.5	6.3	9.2	14.5	12.4	10.3	11.1	14.2	14.7	10.8	9.1
	洗濯・理容・美容・浴場業	2.1	-6.7	-2.1	4.4	7.9	5.8	1.9	5.2	7.5	3.0	0.9	1.0
	その他の生活関連サービス業	6.3	4.7	11.4	22.8	48.3	53.1	38.5	42.0	69.2	49.3	36.2	37.4
	娯　　　　楽　　　　業	4.8	2.4	6.9	8.1	11.3	7.9	7.6	7.9	7.7	11.0	7.5	5.6
寄与度	洗濯・理容・美容・浴場業	0.24	-0.86	-0.28	0.62	1.05	0.83	0.26	0.65	0.95	0.40	0.11	0.14
	その他の生活関連サービス業	0.65	0.50	1.51	2.51	4.77	5.64	4.24	4.37	7.31	6.15	5.25	4.85
	娯　　　　楽　　　　業	3.78	1.84	5.07	6.08	8.69	5.93	5.75	6.10	5.91	8.17	5.43	4.10

②事業従事者数

　2022 年各月において把握した「生活関連サービス業，娯楽業」の事業従事者数の前年同月比の推移をみると、1 月及び 2 月の減少幅が最も大きくなった。これは、主に「その他の生活関連サービス業」が減少に寄与したことなどによる。また、「その他の生活関連サービス業」が全ての月で減少に寄与した。

（図Ⅱ－6－2－2、表Ⅱ－6－2－2）

図Ⅱ－6－2－2　生活関連サービス業，娯楽業の 各月事業従事者数の前年同月比及び寄与度の推移

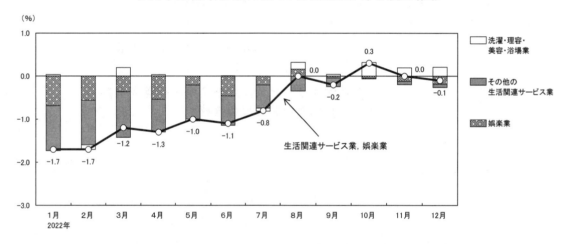

表Ⅱ－6－2－2　産業中分類別各月事業従事者数の前年同月比及び寄与度

		2022年											
		1月	2月	3月	4月	5月	6月	7月	8月	9月	10月	11月	12月
前年同月比（％）	生 活 関 連 サ ー ビ ス 業，娯 楽 業	-1.7	-1.7	-1.2	-1.3	-1.0	-1.1	-0.8	0.0	-0.2	0.3	0.0	-0.1
	洗濯・理容・美容・浴場業	0.1	-0.2	0.4	0.1	-0.1	0.0	-0.2	0.3	0.1	0.7	0.4	0.4
	その他の生活関連サービス業	-6.2	-6.2	-6.3	-4.7	-4.8	-4.2	-3.3	-2.2	-1.2	-0.1	-0.5	-0.5
	娯　　　　楽　　　　業	-1.9	-1.5	-1.0	-1.4	-0.6	-1.2	-0.6	0.4	-0.1	-0.1	-0.3	-0.5
寄与度	洗濯・理容・美容・浴場業	0.04	-0.11	0.20	0.03	-0.05	0.01	-0.07	0.16	0.04	0.32	0.20	0.21
	その他の生活関連サービス業	-1.04	-1.04	-1.06	-0.76	-0.79	-0.69	-0.54	-0.34	-0.20	-0.02	-0.08	-0.08
	娯　　　　楽　　　　業	-0.69	-0.56	-0.36	-0.53	-0.21	-0.46	-0.20	0.16	-0.04	-0.05	-0.12	-0.18

7 ○ 教育，学習支援業

各月売上高の平均	2957 億円	（前年比　2.2%増）
平均事業従事者数	100 万人	（　同　0.1%減）

（1）各月平均の状況

①各月売上高の平均

2022年各月の「教育，学習支援業」の売上高の平均は2957億円となり、前年と比べると2.2%の増加となった。

増加に寄与した主な分類は「うち社会教育，職業・教育支援施設」（寄与度2.69）などとなっている。

（図Ⅱ－7－1－1、表Ⅱ－7－1－1）

図Ⅱ－7－1－1　教育，学習支援業の各月売上高平均の前年比及び寄与度の推移

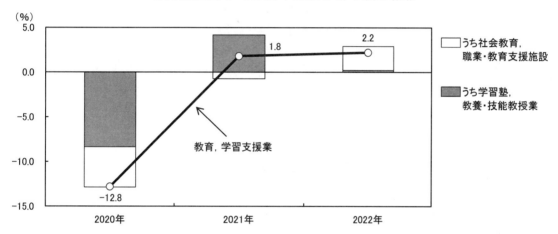

表Ⅱ－7－1－1　産業細分類別各月売上高平均の前年比及び寄与度の推移

	実数（百万円）			前年比（%）			寄与度　5）		
	2020年	2021年	2022年	2020年	2021年	2022年	2020年	2021年	2022年
教育，学習支援業	284,300	289,303	295,698	-12.8	1.8	2.2			
その他の教育，学習支援業	284,300	289,303	295,698	-12.8	1.8	2.2	-12.82	1.76	2.21
うち社会教育，職業・教育支援施設	53,854	51,786	59,562	-21.4	-3.8	15.0	-4.50	-0.73	2.69
うち学習塾，教養・技能教授業	173,043	184,931	185,574	-13.6	6.9	0.3	-8.35	4.18	0.22

注5）「教育，学習支援業」については、「その他の教育，学習支援業」の中に、「社会教育，職業・教育支援施設」及び「学習塾，教養・技能教授業」に分類されない教育、学習支援業が含まれるため、各産業細分類別の寄与度の合計と「教育，学習支援業」の前年（同月）比とは一致しない。以下、「教育，学習支援業」の同種の表について同じ。

産業細分類別に前年と比べると、「うち社会教育，職業・教育支援施設」が15.0%の増加、「うち学習塾，教養・技能教授業」が0.3%の増加となった。

（表Ⅱ－7－1－1、図Ⅱ－7－1－2）

図Ⅱ－7－1－2
産業細分類別各月売上高平均の前年比の推移

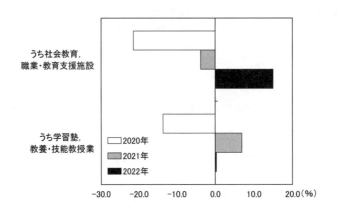

②平均事業従事者数

　2022年各月において把握した「教育，学習支援業」の事業従事者数の平均は100万人となり、前年と比べると0.1%の減少となった。

　減少に寄与した分類は「うち学習塾，教養・技能教授業」（寄与度-0.16）となっている。

（図Ⅱ－7－1－3、表Ⅱ－7－1－2）

図Ⅱ－7－1－3　教育，学習支援業の
平均事業従事者数の前年比及び寄与度の推移

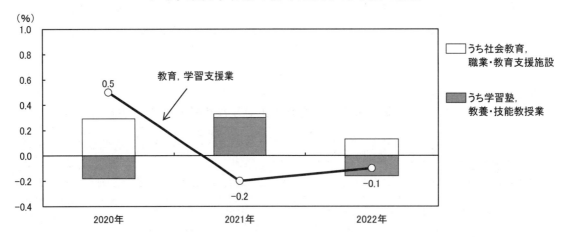

表Ⅱ－7－1－2　産業細分類別平均事業従事者数の前年比及び寄与度の推移

	実数(人)			前年比(%)			寄与度		
	2020年	2021年	2022年	2020年	2021年	2022年	2020年	2021年	2022年
教　育，　学　習　支　援　業	997,800	996,100	995,000	0.5	-0.2	-0.1			
その他の教育，学習支援業	997,800	996,100	995,000	0.5	-0.2	-0.1	0.48	-0.17	-0.11
うち社会教育，職業・教育支援施設	237,400	237,700	239,000	1.3	0.1	0.5	0.29	0.03	0.13
うち学習塾，教養・技能教授業	677,500	680,500	678,900	-0.3	0.4	-0.2	-0.18	0.30	-0.16

　産業細分類別に前年と比べると、「うち学習塾，教養・技能教授業」が0.2%の減少となったが、「うち社会教育，職業・教育支援施設」が0.5%の増加となった。

（表Ⅱ－7－1－2、図Ⅱ－7－1－4）

図Ⅱ－7－1－4
産業細分類別平均事業従事者数の前年比の推移

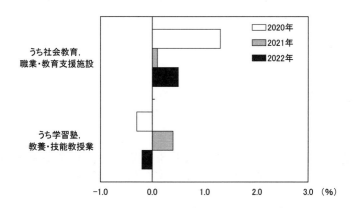

（2）月別の状況

①売上高

　2022 年各月の「教育，学習支援業」の売上高の前年同月比の推移をみると、減少幅では２月、増加幅では９月が最も大きくなった。２月は「うち学習塾，教養・技能教授業」が減少に、９月は主に「うち社会教育，職業・教育支援施設」が増加に寄与している。

（図Ⅱ－7－2－1、表Ⅱ－7－2－1）

図Ⅱ－7－2－1　教育，学習支援業の各月売上高の
前年同月比及び寄与度の推移

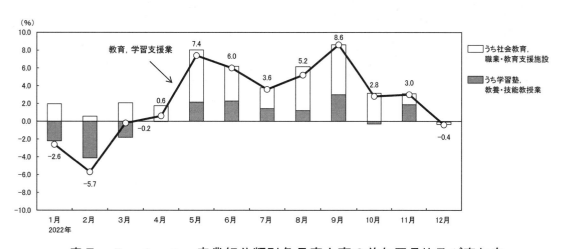

表Ⅱ－7－2－1　産業細分類別各月売上高の前年同月比及び寄与度

			2022年										
			1月	2月	3月	4月	5月	6月	7月	8月	9月	10月	11月	12月
前年同月比（%）	教育，学習支援業		-2.6	-5.7	-0.2	0.6	7.4	6.0	3.6	5.2	8.6	2.8	3.0	-0.4
	その他の教育，学習支援業		-2.6	-5.7	-0.2	0.6	7.4	6.0	3.6	5.2	8.6	2.8	3.0	-0.4
		うち社会教育，職業・教育支援施設	14.4	3.8	10.9	9.2	32.4	20.6	13.1	30.6	31.6	16.2	5.7	-1.4
		うち学習塾，教養・技能教授業	-3.3	-6.6	-2.9	-0.1	3.3	3.6	2.2	1.9	4.6	-0.4	3.0	-0.1
寄与度	その他の教育，学習支援業		-2.58	-5.71	-0.25	0.57	7.36	6.00	3.60	5.22	8.62	2.79	3.05	-0.44
		うち社会教育，職業・教育支援施設	1.95	0.57	2.06	1.74	5.88	3.91	2.35	4.95	5.63	3.16	1.21	-0.27
		うち学習塾，教養・技能教授業	-2.21	-4.12	-1.79	-0.05	2.15	2.28	1.43	1.21	2.99	-0.29	1.88	-0.08

②事業従事者数

　2022年各月において把握した「教育，学習支援業」の事業従事者数の前年同月比の推移をみると、8月以降は増加となったものの、1月から7月まで減少となり、2月の減少幅が最も大きくなった。これは、主に「うち学習塾，教養・技能教授業」が減少に寄与したことなどによる。

（図Ⅱ－7－2－2、表Ⅱ－7－2－2）

図Ⅱ－7－2－2　教育，学習支援業の各月事業従事者数の
前年同月比及び寄与度の推移

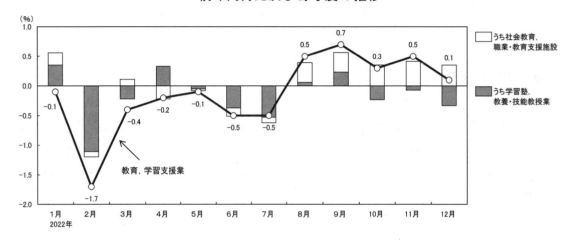

表Ⅱ－7－2－2　産業細分類別各月事業従事者数の前年同月比及び寄与度

		2022年											
		1月	2月	3月	4月	5月	6月	7月	8月	9月	10月	11月	12月
前年同月比（％）	教育，学習支援業	-0.1	-1.7	-0.4	-0.2	-0.1	-0.5	-0.5	0.5	0.7	0.3	0.5	0.1
	その他の教育，学習支援業	-0.1	-1.7	-0.4	-0.2	-0.1	-0.5	-0.5	0.5	0.7	0.3	0.5	0.1
	うち社会教育，職業・教育支援施設	0.9	-0.4	0.5	-0.9	-0.1	-0.6	-0.4	1.4	1.4	1.5	1.7	1.5
	うち学習塾，教養・技能教授業	0.5	-1.6	-0.3	0.5	-0.1	-0.5	-0.8	0.1	0.3	-0.3	-0.1	-0.5
寄与度	その他の教育，学習支援業	-0.09	-1.74	-0.39	-0.15	-0.06	-0.49	-0.52	0.51	0.71	0.34	0.48	0.12
	うち社会教育，職業・教育支援施設	0.21	-0.09	0.11	-0.22	-0.03	-0.14	-0.09	0.33	0.33	0.35	0.41	0.35
	うち学習塾，教養・技能教授業	0.35	-1.11	-0.22	0.33	-0.05	-0.37	-0.53	0.06	0.23	-0.23	-0.07	-0.33

8　P　医療，福祉

各月売上高の平均	4兆9732億円	（前年比　　1.3%増）
平均事業従事者数	849万人	（　同　　　同水準）

（1）各月平均の状況

①各月売上高の平均

　2022年各月の「医療，福祉」の売上高の平均は4兆9732億円となり、前年と比べると1.3%の増加となった。

　増加に寄与した主な分類は「医療業」（寄与度1.26）などとなっている。

（図Ⅱ－8－1－1、表Ⅱ－8－1－1）

図Ⅱ－8－1－1　医療，福祉の各月売上高平均の前年比及び寄与度の推移

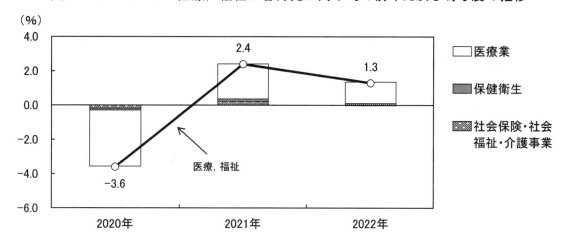

表Ⅱ－8－1－1　産業中分類別各月売上高平均の前年比及び寄与度の推移

	実数（百万円）			前年比（%）			寄与度		
	2020年	2021年	2022年	2020年	2021年	2022年	2020年	2021年	2022年
医療，福祉	4,789,946	4,907,139	4,973,212	-3.6	2.4	1.3			
医療業	3,379,778	3,477,594	3,539,342	-4.6	2.9	1.8	-3.28	2.04	1.26
保健衛生	50,067	57,145	56,119	-9.8	14.1	-1.8	-0.11	0.15	-0.02
社会保険・社会福祉・介護事業	1,361,750	1,372,399	1,377,752	-0.7	0.8	0.4	-0.19	0.22	0.11

　産業中分類別に前年と比べると、「医療業」が1.8%の増加、「社会保険・社会福祉・介護事業」が0.4%の増加となったが、「保健衛生」が1.8%の減少となった。

（表Ⅱ－8－1－1、図Ⅱ－8－1－2）

　産業中分類別の構成比をみると、「医療業」が71.2%（3兆5393億円）と最も高く、「医療，福祉」の7割を超えている。

（表Ⅱ－8－1－1、図Ⅱ－8－1－3）

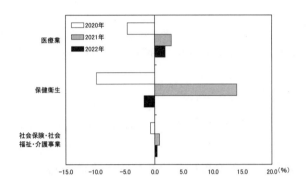

図Ⅱ－8－1－2
産業中分類別
各月売上高平均の前年比の推移

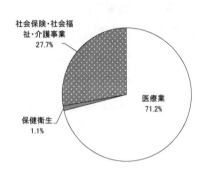

図Ⅱ－8－1－3
産業中分類別
各月売上高平均の
構成比（2022年）

②平均事業従事者数

　2022年各月において把握した「医療，福祉」の事業従事者数の平均は849万人となり、前年と同水準となった。

　増加に寄与した主な分類は「医療業」（寄与度 0.21）など、減少に寄与した分類は「社会保険・社会福祉・介護事業」（同-0.27）となっている。

（図Ⅱ－8－1－4、表Ⅱ－8－1－2）

図Ⅱ－8－1－4　医療，福祉の平均事業従事者数の前年比及び寄与度の推移

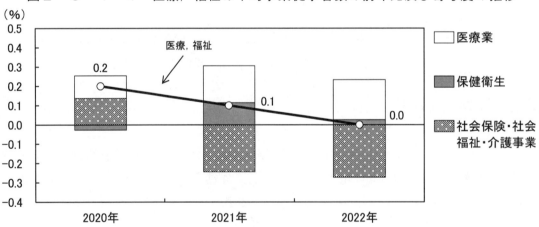

表Ⅱ－8－1－2　産業中分類別平均事業従事者数の前年比及び寄与度の推移

	実数(人)			前年比(%)			寄与度		
	2020年	2021年	2022年	2020年	2021年	2022年	2020年	2021年	2022年
医　療，福　祉	8,489,600	8,494,900	8,491,300	0.2	0.1	0.0			
医　療　業	4,289,100	4,305,400	4,323,000	0.2	0.4	0.4	0.12	0.19	0.21
保　健　衛　生	113,400	123,100	125,300	-2.0	8.6	1.8	-0.03	0.11	0.03
社会保険・社会福祉・介護事業	4,087,000	4,066,300	4,043,100	0.3	-0.5	-0.6	0.14	-0.24	-0.27

　産業中分類別に前年と比べると、「保健衛生」が1.8%の増加、「医療業」が0.4%の増加となったが、「社会保険・社会福祉・介護事業」が0.6%の減少となった。

（表Ⅱ－8－1－2、図Ⅱ－8－1－5）

　産業中分類別の構成比をみると、「医療業」が50.9%（432万人）と最も高く、次いで「社会保険・社会福祉・介護事業」が47.6%（404万人）となっており、この2分類で「医療，福祉」のほとんどを占めている。

（表Ⅱ－8－1－2、図Ⅱ－8－1－6）

図Ⅱ－8－1－5
産業中分類別
平均事業従事者数の前年比の推移

図Ⅱ－8－1－6
産業中分類別
平均事業従事者数の構成比
（2022年）

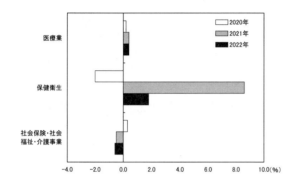
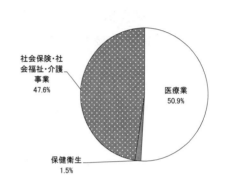

（2）月別の状況
①売上高

　2022年各月の「医療，福祉」の売上高の前年同月比の推移をみると、2月から4月まで減少となったものの、それ以外の月では増加となり、5月の増加幅が最も大きくなった。これは、主に「医療業」が増加に寄与したことなどによる。また、「医療業」が全ての月で増加に寄与した。

（図Ⅱ－8－2－1、表Ⅱ－8－2－1）

図Ⅱ－8－2－1　医療，福祉の各月売上高の前年同月比及び寄与度の推移

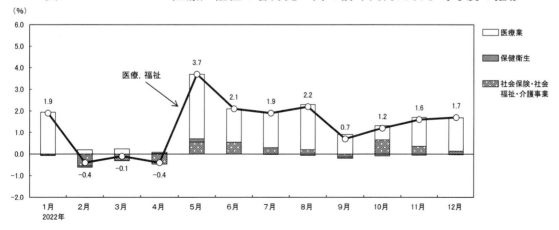

表Ⅱ－8－2－1　産業中分類別各月売上高の前年同月比及び寄与度

		2022年											
		1月	2月	3月	4月	5月	6月	7月	8月	9月	10月	11月	12月
前年比（％）	医　療，　福　祉	1.9	-0.4	-0.1	-0.4	3.7	2.1	1.9	2.2	0.7	1.2	1.6	1.7
	医　　療　　業	2.8	0.3	0.3	0.1	4.3	2.2	2.3	3.0	1.3	0.9	1.9	2.2
	保　健　衛　生	-3.0	-6.2	-1.3	3.8	14.8	-0.2	-1.6	-4.9	-4.5	-6.1	-4.1	-2.7
	社会保険・社会福祉・介護事業	-0.1	-1.9	-1.1	-1.6	1.9	2.0	1.0	0.7	-0.5	2.4	1.3	0.5
寄与度	医　　療　　業	1.94	0.20	0.24	0.05	3.00	1.55	1.64	2.10	0.91	0.66	1.34	1.55
	保　健　衛　生	-0.03	-0.06	-0.01	0.04	0.14	0.00	-0.02	-0.06	-0.06	-0.09	-0.06	-0.03
	社会保険・社会福祉・介護事業	-0.04	-0.55	-0.29	-0.47	0.56	0.55	0.29	0.20	-0.14	0.66	0.36	0.14

②事業従事者数

　2022年各月において把握した「医療，福祉」の事業従事者数の前年同月比の推移をみると、減少幅では4月、増加幅では10月が最も大きくなった。4月は「社会保険・社会福祉・介護事業」が減少に、10月は主に「医療業」が増加に寄与している。

（図Ⅱ－8－2－2、表Ⅱ－8－2－2）

図Ⅱ－8－2－2　医療，福祉の各月事業従事者数の前年同月比及び寄与度の推移

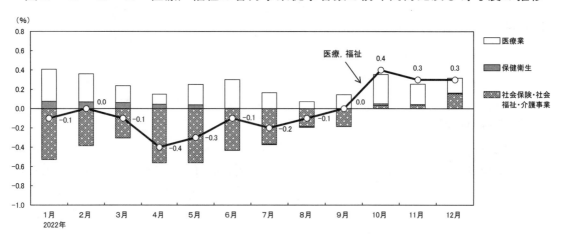

表Ⅱ－8－2－2　産業中分類別各月事業従事者数の前年同月比及び寄与度

		2022年											
		1月	2月	3月	4月	5月	6月	7月	8月	9月	10月	11月	12月
前年比（％）	医　療，　福　祉	-0.1	0.0	-0.1	-0.4	-0.3	-0.1	-0.2	-0.1	0.0	0.4	0.3	0.3
	医　　療　　業	0.7	0.6	0.3	0.2	0.4	0.6	0.3	0.1	0.3	0.6	0.4	0.3
	保　健　衛　生	5.6	5.0	4.4	3.1	2.7	0.2	-0.5	-0.6	0.1	1.1	0.4	0.6
	社会保険・社会福祉・介護事業	-1.1	-0.8	-0.6	-1.2	-1.2	-0.9	-0.8	-0.4	-0.4	0.1	0.1	0.3
寄与度	医　　療　　業	0.33	0.29	0.18	0.11	0.21	0.30	0.17	0.07	0.14	0.30	0.21	0.15
	保　健　衛　生	0.08	0.07	0.06	0.04	0.04	0.00	-0.01	-0.01	0.00	0.02	0.01	0.01
	社会保険・社会福祉・介護事業	-0.53	-0.38	-0.31	-0.56	-0.56	-0.43	-0.37	-0.19	-0.19	0.03	0.04	0.16

9　R　サービス業（他に分類されないもの）

各月売上高の平均	3兆6012億円	（前年比　　4.3％増）
平均事業従事者数	374万人	（　同　　　同水準）

（1）各月平均の状況

①各月売上高の平均

　　2022年各月の「サービス業（他に分類されないもの）」の売上高の平均は3兆6012億円となり、前年と比べると4.3％の増加となった。

　　増加に寄与した主な分類は「職業紹介・労働者派遣業」（寄与度2.33）などとなっている。

（図Ⅱ－9－1－1、表Ⅱ－9－1－1）

図Ⅱ－9－1－1　サービス業（他に分類されないもの）の
各月売上高平均の前年比及び寄与度の推移

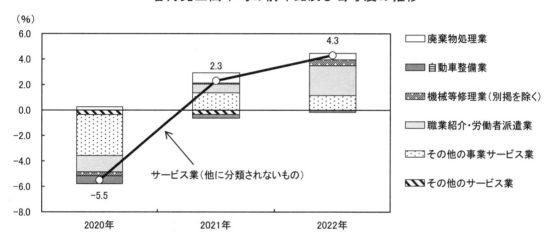

表Ⅱ－9－1－1　産業中分類別各月売上高平均の前年比及び寄与度の推移

	実数（百万円）			前年比（％）			寄与度		
	2020年	2021年	2022年	2020年	2021年	2022年	2020年	2021年	2022年
サービス業（他に分類されないもの）	3,376,345	3,453,173	3,601,156	-5.5	2.3	4.3			
廃棄物処理業	422,923	449,709	466,979	2.2	6.3	3.8	0.26	0.79	0.50
自動車整備業	271,239	260,627	254,786	-7.5	-3.9	-2.2	-0.62	-0.31	-0.17
機械等修理業（別掲を除く）	363,037	365,791	382,100	-2.9	0.8	4.5	-0.31	0.08	0.47
職業紹介・労働者派遣業	588,276	611,164	691,541	-7.2	3.9	13.2	-1.28	0.68	2.33
その他の事業サービス業	1,684,608	1,730,801	1,770,360	-6.4	2.7	2.3	-3.23	1.37	1.15
その他のサービス業	46,173	35,082	35,390	-21.2	-24.0	0.9	-0.35	-0.33	0.01

　　産業中分類別に前年と比べると、「職業紹介・労働者派遣業」が13.2％の増加、「機械等修理業（別掲を除く）」が4.5％の増加、「廃棄物処理業」が3.8％の増加、「その他の事業サービス業」が2.3％の増加、「その他のサービス業」が0.9％の増加となったが、「自動車整備業」が2.2％の減少となった。

（表Ⅱ－9－1－1、図Ⅱ－9－1－2）

　　産業中分類別の構成比をみると、「その他の事業サービス業」が49.2％（1兆7704億円）と最も高く、「サービス業（他に分類されないもの）」の5割近くを占めている。

（表Ⅱ－9－1－1、図Ⅱ－9－1－3）

40

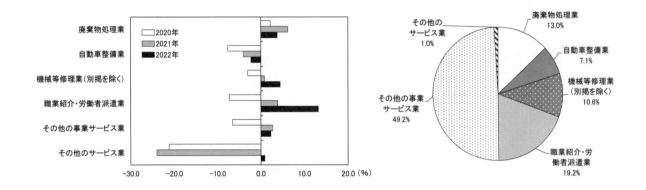

図Ⅱ－9－1－2
産業中分類別
各月売上高平均の前年比の推移

図Ⅱ－9－1－3
産業中分類別
各月売上高平均の
構成比（2022年）

②平均事業従事者数

　2022年各月において把握した「サービス業（他に分類されないもの）」の事業従事者数の平均は374万人となり、前年と同水準となった。

　増加に寄与した主な分類は「その他の事業サービス業」（寄与度 0.13）など、減少に寄与した主な分類は「職業紹介・労働者派遣業」（同-0.15）などとなっている。
（図Ⅱ－9－1－4、表Ⅱ－9－1－2）

図Ⅱ－9－1－4　サービス業（他に分類されないもの）の
平均事業従事者数の前年比及び寄与度の推移

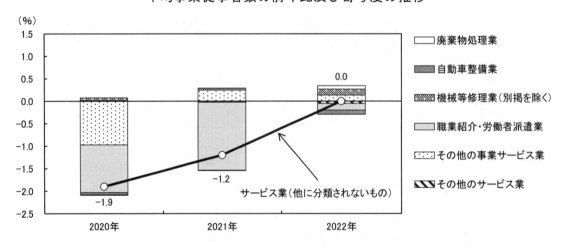

表Ⅱ－9－1－2　産業中分類別平均事業従事者数の前年比及び寄与度の推移

	実数（人）			前年比（%）			寄与度		
	2020年	2021年	2022年	2020年	2021年	2022年	2020年	2021年	2022年
サービス業（他に分類されないもの）	3,782,900	3,737,500	3,739,300	-1.9	-1.2	0.0			
廃　棄　物　処　理　業	337,400	337,100	339,900	-0.1	-0.1	0.8	-0.01	-0.01	0.07
自　動　車　整　備　業	252,800	252,800	249,300	-0.8	0.0	-1.4	-0.05	0.00	-0.09
機械等修理業（別掲を除く）	240,700	242,400	247,300	0.9	0.7	2.0	0.06	0.04	0.13
職業紹介・労働者派遣業	479,100	421,800	416,200	-7.9	-12.0	-1.3	-1.06	-1.51	-0.15
その他の事業サービス業	2,415,200	2,424,400	2,429,400	-1.5	0.4	0.2	-0.97	0.24	0.13
その他のサービス業	59,900	59,000	57,100	0.7	-1.5	-3.2	0.01	-0.02	-0.05

　　産業中分類別に前年と比べると、「機械等修理業（別掲を除く）」が 2.0％の増加、「廃棄物処理業」が 0.8％の増加、「その他の事業サービス業」が 0.2％の増加となったが、「その他のサービス業」が 3.2％の減少、「自動車整備業」が 1.4％の減少、「職業紹介・労働者派遣業」が 1.3％の減少となった。

（表Ⅱ－9－1－2、図Ⅱ－9－1－5）

　　産業中分類別の構成比をみると、「その他の事業サービス業」が 65.0％（243 万人）と最も高く、「サービス業（他に分類されないもの）」の 6 割を超えている。

（表Ⅱ－9－1－2、図Ⅱ－9－1－6）

図Ⅱ－9－1－5 産業中分類別 平均事業従事者数の前年比の推移

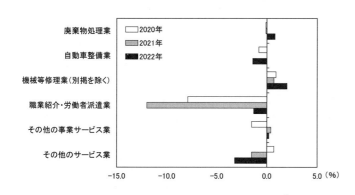

図Ⅱ－9－1－6 産業中分類別 平均事業従事者数の構成比 （2022 年）

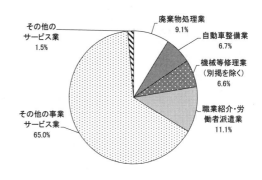

（2）月別の状況

①売上高

　　2022 年各月の「サービス業（他に分類されないもの）」の売上高の前年同月比の推移をみると、全ての月で増加となった。また、「廃棄物処理業」及び「職業紹介・労働者派遣業」が全ての月で増加に寄与した。

（図Ⅱ－9－2－1、表Ⅱ－9－2－1）

図Ⅱ－9－2－1　サービス業（他に分類されないもの）の 各月売上高の前年同月比及び寄与度の推移

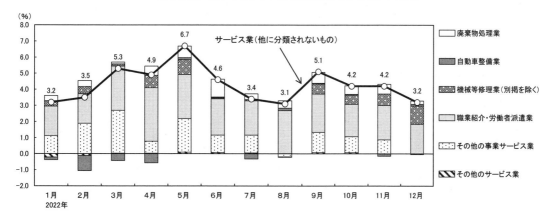

表Ⅱ－9－2－1　産業中分類別各月売上高の前年同月比及び寄与度

		2022年											
		1月	2月	3月	4月	5月	6月	7月	8月	9月	10月	11月	12月
前年同月比（％）	サービス業（他に分類されないもの）	3.2	3.5	5.3	4.9	6.7	4.6	3.4	3.1	5.1	4.2	4.2	3.2
	廃　棄　物　処　理　業	2.5	2.9	0.9	4.4	5.2	8.5	2.8	3.5	5.5	4.1	4.7	1.5
	自　動　車　整　備　業	-2.3	-11.8	-5.6	-6.8	1.7	0.7	-4.2	2.1	0.7	0.5	-1.8	1.5
	機械等修理業（別掲を除く）	3.3	3.9	1.0	8.1	9.6	0.5	0.8	-0.3	5.6	5.5	6.9	10.9
	職業紹介・労働者派遣業	10.6	10.7	17.3	18.0	15.5	12.4	11.8	15.4	13.4	10.9	11.7	10.4
	その他の事業サービス業	2.2	3.8	5.3	1.5	4.1	2.2	2.2	-0.4	2.5	2.0	1.7	-0.1
	そ の 他 の サ ー ビ ス 業	-17.0	-10.7	3.7	3.0	9.7	8.0	5.0	1.3	8.0	6.4	-1.5	-0.9
寄与度	廃　棄　物　処　理　業	0.32	0.38	0.12	0.59	0.72	1.11	0.36	0.46	0.68	0.53	0.61	0.20
	自　動　車　整　備　業	-0.17	-0.94	-0.43	-0.57	0.13	0.05	-0.32	0.15	0.05	0.04	-0.14	0.11
	機械等修理業（別掲を除く）	0.33	0.43	0.13	0.77	0.92	0.06	0.08	-0.03	0.62	0.57	0.70	1.13
	職業紹介・労働者派遣業	1.83	1.84	2.76	3.33	2.74	2.25	2.13	2.68	2.37	2.02	2.14	1.85
	その他の事業サービス業	1.13	1.90	2.66	0.74	2.09	1.09	1.11	-0.19	1.26	1.00	0.87	-0.03
	そ の 他 の サ ー ビ ス 業	-0.21	-0.11	0.03	0.03	0.10	0.07	0.05	0.01	0.07	0.07	-0.02	-0.01

②事業従事者数

　2022年各月において把握した「サービス業（他に分類されないもの）」の事業従事者数の前年同月比の推移をみると、減少幅では1月、増加幅では8月が最も大きくなった。1月は主に「職業紹介・労働者派遣業」が減少に、8月は主に「その他の事業サービス業」が増加に寄与している。

（図Ⅱ－9－2－2、表Ⅱ－9－2－2）

図Ⅱ－9－2－2　サービス業（他に分類されないもの）の
各月事業従事者数の前年同月比及び寄与度の推移

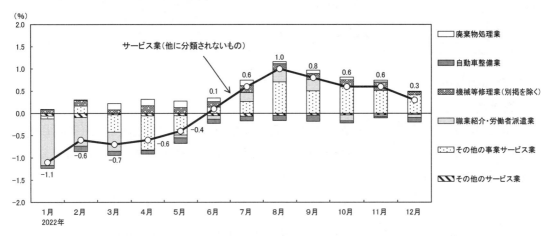

表Ⅱ－9－2－2　産業中分類別各月事業従事者数の前年同月比及び寄与度

		2022年											
		1月	2月	3月	4月	5月	6月	7月	8月	9月	10月	11月	12月
前年同月比（％）	サービス業（他に分類されないもの）	-1.1	-0.6	-0.7	-0.6	-0.4	0.1	0.6	1.0	0.8	0.6	0.6	0.3
	廃　棄　物　処　理　業	0.0	0.1	1.6	1.6	1.6	0.9	1.4	0.5	0.8	0.7	0.5	0.1
	自　動　車　整　備　業	-0.9	-1.9	-1.4	-1.2	-1.9	-1.4	-1.5	-1.7	-2.0	-0.7	-0.5	-1.5
	機械等修理業（別掲を除く）	1.4	1.9	1.2	2.7	2.0	1.9	2.3	2.2	2.0	2.4	2.9	1.0
	職業紹介・労働者派遣業	-8.6	-5.5	-3.7	-0.1	-0.6	-0.7	1.8	2.4	2.3	-1.1	-0.3	-0.6
	その他の事業サービス業	-0.1	0.3	-0.6	-1.2	-0.7	0.2	0.4	1.1	0.8	0.9	0.8	0.6
	そ の 他 の サ ー ビ ス 業	-3.7	-5.6	-1.9	-3.6	-3.4	-3.4	-4.0	-3.1	-2.6	-2.4	-2.4	-1.5
寄与度	廃　棄　物　処　理　業	0.00	0.01	0.14	0.14	0.15	0.08	0.13	0.04	0.08	0.06	0.04	0.01
	自　動　車　整　備　業	-0.06	-0.13	-0.09	-0.08	-0.13	-0.09	-0.10	-0.11	-0.14	-0.05	-0.03	-0.10
	機械等修理業（別掲を除く）	0.09	0.12	0.08	0.17	0.13	0.12	0.15	0.14	0.13	0.16	0.19	0.07
	職業紹介・労働者派遣業	-1.05	-0.64	-0.43	-0.01	-0.07	-0.08	0.20	0.27	0.26	-0.13	-0.03	-0.07
	その他の事業サービス業	-0.06	0.17	-0.39	-0.77	-0.43	0.14	0.27	0.70	0.50	0.59	0.51	0.41
	そ の 他 の サ ー ビ ス 業	-0.06	-0.09	-0.03	-0.12	-0.05	-0.05	-0.06	-0.05	-0.04	-0.04	-0.04	-0.02

Summary of the Results

Sales (Average per Month)   31.94 trillion yen (5.2%)

Number of the Persons Working at the Location of Establishment (Annual Average)

29.25 million persons (0.2%)

*The figures in parenthesis indicate change over the year.

1. Annual Average

(1) Sales (Average per Month)

The sales (average per month) of service industries amounted to 31.94 trillion yen in 2022, up 5.2% from the previous year and marking an increase for the second consecutive year.

The main positive contributors to the increase in sales of service industries were "Transport and postal activities" contributing 1.71 percentage points; "Living-related and personal services and amusement services" contributing 1.09 percentage points; and "Accommodations, eating and drinking services" contributing 0.97 percentage points.

(Figure 1-1, Table 1-1)

Figure1-1 Change over the Year and Contribution to Change in Sales (Average per Month) of Service Industries

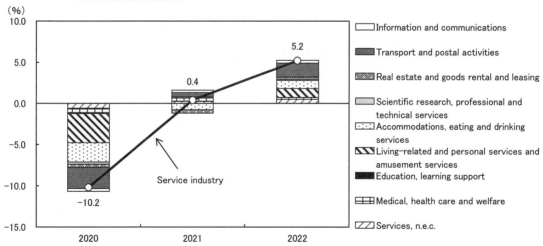

44

Table 1-1   Change over the Year and Contribution to Change in Sales (Average per Month) by Industry (Major Groups)

	Actual figures (million yen) 1)			Change over the year (%)			Contribution to change 2)		
	2020	2021	2022	2020	2021	2022	2020	2021	2022
Service industry	30,240,087	30,346,077	31,935,105	−10.2	0.4	5.2			
Information and communications	4,894,688	4,983,495	5,088,221	−2.3	1.8	2.1	−0.34	0.29	0.35
Transport and postal activities	4,529,930	4,682,977	5,200,976	−15.8	3.4	11.1	−2.53	0.51	1.71
Real estate and goods rental and leasing	4,217,742	4,093,893	4,193,040	−3.1	−2.9	2.4	−0.40	−0.41	0.33
Scientific research, professional and technical services	2,797,143	2,834,406	2,856,183	−3.2	1.3	0.8	−0.28	0.12	0.07
Accommodations, eating and drinking services	2,009,904	1,775,411	2,069,840	−28.1	−11.7	16.6	−2.33	−0.78	0.97
Living-related and personal services and amusement services	3,320,526	3,326,280	3,656,778	−26.4	0.2	9.9	−3.54	0.02	1.09
Education, learning support	284,300	289,303	295,698	−12.8	1.8	2.2	−0.12	0.02	0.02
Medical, health care and welfare	4,789,946	4,907,139	4,973,212	−3.6	2.4	1.3	−0.53	0.39	0.22
Services, n.e.c.	3,376,345	3,453,173	3,601,156	−5.5	2.3	4.3	−0.58	0.25	0.49

Note: 1) The population of the survey was changed and the sample establishments were replaced in January 2021. To remove the gaps caused by this change, the actual figures for 2020 and earlier have been adjusted in this annual report. Yet, these figures are not adjusted values by the replacement of the sample establishments in January 2023.

2) The contributions to change of each year were calculated using the adjusted figures of the previous year respectively. Since the adjusted figures were calculated individually for each industry, the sum of contributions from each industry to the total change of service industries may not equal the total change over the year of service industries. The same applies hereinafter.

By industry, the sales (average per month) increased in all 9 industries: "Accommodations, eating and drinking services" (an increase of 16.6%), "Transport and postal activities" (an increase of 11.1%), "Living-related and personal services and amusement services" (an increase of 9.9%), "Services, n.e.c" (an increase of 4.3%), "Real estate and goods rental and leasing" (an increase of 2.4%), "Education, learning support" (an increase of 2.2%), "Information and communications" (an increase of 2.1%), "Medical, health care and welfare" (an increase of 1.3%), and "Scientific research, professional and technical services" (an increase of 0.8%).

(Table 1-1, Figure 1-2)

"Transport and postal activities" accounted for the largest proportion (16.3% of service industries or 5.20 trillion yen), while "Education, learning support" accounted for the smallest proportion (0.9% or 0.30 trillion yen).

(Table 1-1, Figure 1-3)

Figure 1-2 Change over the Year of Sales (Average per Month) by Industry (Major Groups)

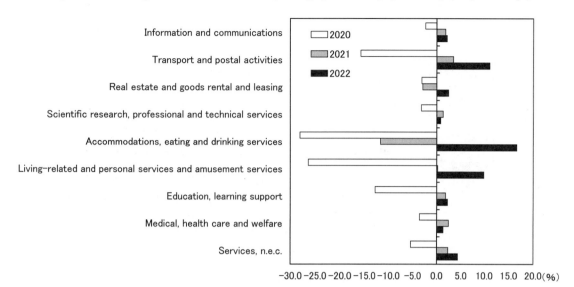

Figure 1-3 Composition of Sales (Average per Month) by Industry (Major Groups) in 2022

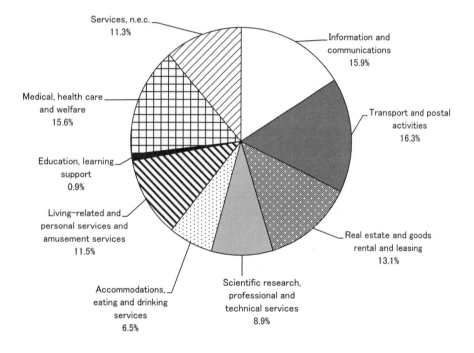

(2) Number of Persons Working at the Location of Establishment

The number of persons working at the location of establishment (annual average) of service industries amounted to 29.25 million in 2022, up 0.2% from the previous year and increasing for the first time in three years since 2019.

The main positive contributors to the increase in the number of persons of service industries were "Accommodations, eating and drinking services" contributing 0.16 percentage points; "Information and communications" contributing 0.12 percentage points; and "Scientific research, professional and technical services" contributing 0.05 percentage points, while the main negative contributor was "Transport and postal activities" contributing -0.07 percentage points.

(Figure 1-4, Table 1-2)

46

Figure 1-4   Change over the Year and Contribution to Change in the Number of Persons
Working at the Location of Establishment (Annual Average) of Service Industries

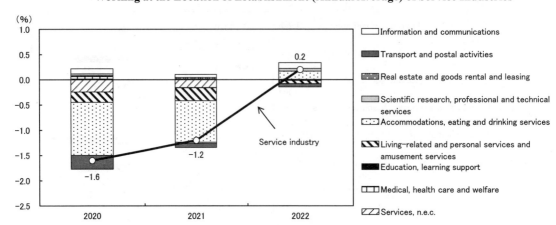

Table 1-2   Change over the Year and Contribution to Change in the Number of Persons
Working at the Location of Establishment (Annual Average) by Industry (Major Groups)

	Actual figures (person)			Change over the year (%)			Contribution to change		
	2020	2021	2022	2020	2021	2022	2020	2021	2022
Service industry	29,555,800	29,192,800	29,249,400	−1.6	−1.2	0.2			
Information and communications	1,968,600	1,986,300	2,020,700	1.6	0.9	1.7	0.10	0.06	0.12
Transport and postal activities	3,372,700	3,349,100	3,329,400	−2.4	−0.7	−0.6	−0.27	−0.08	−0.07
Real estate and goods rental and leasing	1,578,800	1,586,500	1,586,600	0.0	0.5	0.0	0.00	0.03	0.00
Scientific research, professional and technical services	1,763,700	1,756,200	1,772,000	0.6	−0.4	0.9	0.04	−0.03	0.05
Accommodations, eating and drinking services	5,154,600	4,911,500	4,958,200	−5.8	−4.7	1.0	−1.05	−0.82	0.16
Living-related and personal services and amusement services	2,450,200	2,374,600	2,357,000	−2.4	−3.1	−0.7	−0.20	−0.26	−0.06
Education, learning support	997,800	996,100	995,000	0.5	−0.2	−0.1	0.02	−0.01	0.00
Medical, health care and welfare	8,489,600	8,494,900	8,491,300	0.2	0.1	0.0	0.06	0.02	−0.01
Services, n.e.c.	3,782,900	3,737,500	3,739,300	−1.9	−1.2	0.0	−0.24	−0.15	0.01

By industry, the number of persons working at the location of establishment (annual average) increased in 3 industries: "Information and communications" (an increase of 1.7%), "Accommodations, eating and drinking services" (an increase of 1.0%), and "Scientific research, professional and technical services" (an increase of 0.9%).

On the other hand, the number of persons working at the location of establishment (annual average) decreased in 3 industries: "Living-related and personal services and amusement services" (a decrease of 0.7%), "Transport and postal activities" (a decrease of 0.6%), and "Education, learning support" (a decrease of 0.1%), and were the same level as the previous year in 3 industries: "Services, n.e.c.", "Real estate and goods rental and leasing", and "Medical, health care and welfare".

(Table 1-2, Figure 1-5)

"Medical, health care and welfare" accounted for the largest proportion (29.0% of service industries or 8.49 million persons), followed by "Accommodations, eating and drinking services" (17.0% or 4.96 million persons). These two industries thus cover more than 40 percent of service industries.

(Table 1-2, Figure 1-6)

Figure 1-5   Change over the Year of the Number of Persons Working at the Location of Establishment (Annual Average) by Industry (Major Groups)

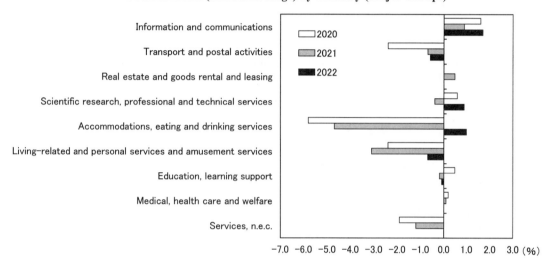

Figure 1-6   Composition of the Number of Persons Working at the Location of Establishment (Annual Average) by Industry (Major Groups) in 2022

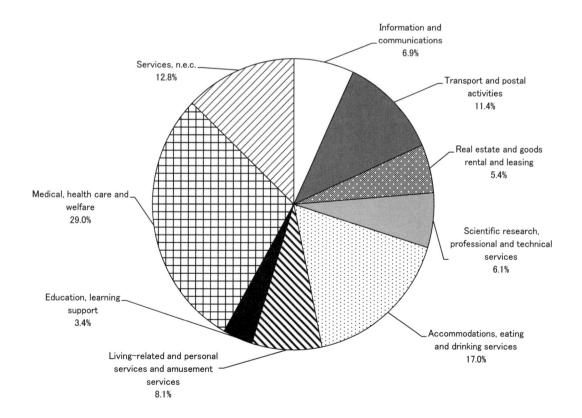

2. Monthly Change

(1) Sales

The monthly sales of service industries increased in all months of 2022 compared with the previous year. The largest increase of monthly sales was in May by 8.3%, mainly due to an increase in "Accommodations, eating and drinking services", "Transport and postal activities" and "Living-related and personal services and amusement services".

However, the monthly sales of service industries have not recovered to the level of 2019, before the spread of the novel coronavirus disease (COVID-19).

(Figure 2-1, Table 2-1)

Figure 2-1 Change over the Year and Contribution to Change in Monthly Sales of Service Industries

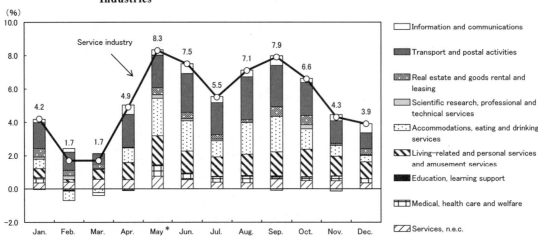

* Compared with same months of 2019, the monthly sales decreased by 5.2% in May.

**Table 2-1　Change over the Year and Contribution to Change in Monthly Sales
by Industry (Major Groups)**

		2022											
		Jan.	Feb.	Mar.	Apr.	May	Jun.	Jul.	Aug.	Sep.	Oct.	Nov.	Dec.
Change over the year (%)	Service industry	4.2	1.7	1.7	4.9	8.3	7.5	5.5	7.1	7.9	6.6	4.3	3.9
	Information and communications	1.2	1.3	−0.9	3.7	2.0	3.5	2.4	2.6	3.2	1.6	2.4	3.3
	Transport and postal activities	10.5	7.4	4.9	12.2	12.5	15.3	12.0	16.7	16.3	12.2	8.2	6.1
	Real estate and goods rental and leasing	3.8	2.3	1.5	0.3	3.2	2.9	2.0	1.3	4.4	4.2	0.9	2.7
	Scientific research, professional and technical services	1.5	2.4	0.5	−0.5	2.7	1.2	1.2	0.0	−0.9	3.0	−1.6	0.6
	Accommodations, eating and drinking services	10.2	−10.4	−4.0	14.9	40.9	36.2	15.4	32.5	45.0	18.7	9.6	5.4
	Living−related and personal services and amusement services	4.7	1.5	6.3	9.2	14.5	12.4	10.3	11.1	14.2	14.7	10.8	9.1
	Education, learning support	−2.6	−5.7	−0.2	0.6	7.4	6.0	3.6	5.2	8.6	2.8	3.0	−0.4
	Medical, health care and welfare	1.9	−0.4	−0.1	−0.4	3.7	2.1	1.9	2.2	0.7	1.2	1.6	1.7
	Services, n.e.c.	3.2	3.5	5.3	4.9	6.7	4.6	3.4	3.1	5.1	4.2	4.2	3.2
Contribution to change	Information and communications	0.20	0.22	−0.17	0.56	0.31	0.58	0.37	0.40	0.58	0.25	0.37	0.55
	Transport and postal activities	1.54	1.10	0.69	1.96	1.93	2.32	1.92	2.57	2.48	1.99	1.35	0.96
	Real estate and goods rental and leasing	0.51	0.34	0.22	0.04	0.44	0.39	0.25	0.17	0.59	0.54	0.12	0.34
	Scientific research, professional and technical services	0.13	0.22	0.06	−0.04	0.23	0.12	0.10	0.00	−0.09	0.25	−0.14	0.05
	Accommodations, eating and drinking services	0.58	−0.57	−0.21	0.88	2.24	1.82	0.97	1.89	2.12	1.22	0.65	0.39
	Living−related and personal services and amusement services	0.54	0.16	0.59	1.03	1.75	1.32	1.17	1.29	1.45	1.66	1.18	1.01
	Education, learning support	−0.03	−0.06	0.00	0.01	0.07	0.05	0.04	0.05	0.08	0.03	0.03	0.00
	Medical, health care and welfare	0.31	−0.07	−0.01	−0.06	0.62	0.34	0.32	0.38	0.11	0.21	0.27	0.25
	Services, n.e.c.	0.36	0.40	0.57	0.55	0.76	0.55	0.40	0.36	0.58	0.49	0.48	0.35

(2)　Number of Persons Working at the Location of Establishment

The monthly number of persons working at the location of establishment of service industries increased in all months of 2022 except January to April, compared with the previous year. The largest increase of monthly number of persons working at the location of establishment was in September by 1.1%, mainly due to an increase in "Accommodations, eating and drinking services".

"Information and communications" and "Scientific research, professional and technical services" contributed to the increase every month.

(Figure 2-2, Table 2-2)

Figure 2-2 Change over the Year and Contribution to Change in the Number of Persons Working at the Location of Establishment of Service Industries

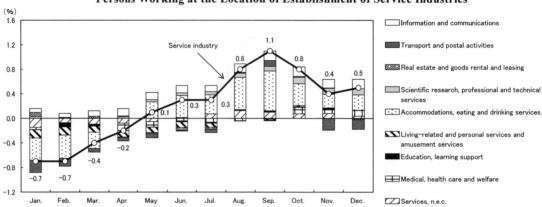

Table 2-2 Change over the Year and Contribution to Change in the Number of Persons Working at the Location of Establishment by Industry (Major Groups)

		2022											
		Jan.	Feb.	Mar.	Apr.	May	Jun.	Jul.	Aug.	Sep.	Oct.	Nov.	Dec.
Change over the year (%)	Service industry	−0.7	−0.7	−0.4	−0.2	0.1	0.3	0.3	0.8	1.1	0.8	0.4	0.5
	Information and communications	0.9	1.0	1.3	1.8	1.7	1.8	1.4	2.0	2.2	2.3	2.0	2.2
	Transport and postal activities	−1.7	−1.1	−0.5	−0.5	−0.6	−0.1	−0.5	0.1	0.9	0.0	−1.6	−1.3
	Real estate and goods rental and leasing	1.3	0.1	0.5	0.3	−0.4	−0.8	−0.5	−0.1	−0.2	0.2	0.1	−0.3
	Scientific research, professional and technical services	0.5	0.2	0.1	0.5	0.6	0.7	0.9	1.1	1.3	1.7	1.6	1.7
	Accommodations, eating and drinking services	−2.1	−2.2	−1.6	0.0	1.6	2.2	1.9	3.1	3.9	2.1	1.3	1.5
	Living−related and personal services and amusement services	−1.7	−1.7	−1.2	−1.3	−1.0	−1.1	−0.8	0.0	−0.2	0.3	0.0	−0.1
	Education, learning support	−0.1	−1.7	−0.4	−0.2	−0.1	−0.5	−0.5	0.5	0.7	0.3	0.5	0.1
	Medical, health care and welfare	−0.1	0.0	−0.1	−0.4	−0.3	−0.1	−0.2	−0.1	0.0	0.4	0.3	0.3
	Services, n.e.c.	−1.1	−0.6	−0.7	−0.6	−0.4	0.1	0.6	1.0	0.8	0.6	0.6	0.3
Contribution to change	Information and communications	0.06	0.07	0.09	0.12	0.12	0.12	0.10	0.14	0.15	0.15	0.14	0.15
	Transport and postal activities	−0.20	−0.13	−0.06	−0.06	−0.07	−0.01	−0.06	0.01	0.10	0.01	−0.19	−0.15
	Real estate and goods rental and leasing	0.07	0.00	0.03	0.01	−0.02	−0.04	−0.03	0.00	−0.01	0.01	0.01	−0.02
	Scientific research, professional and technical services	0.03	0.01	0.01	0.03	0.04	0.04	0.05	0.07	0.08	0.11	0.09	0.10
	Accommodations, eating and drinking services	−0.36	−0.38	−0.26	−0.01	0.27	0.36	0.31	0.52	0.65	0.35	0.22	0.25
	Living−related and personal services and amusement services	−0.14	−0.14	−0.10	−0.10	−0.09	−0.09	−0.07	0.00	−0.02	0.02	0.00	0.00
	Education, learning support	0.00	−0.06	−0.01	−0.01	0.00	−0.02	−0.02	0.02	0.02	0.01	0.02	0.00
	Medical, health care and welfare	−0.03	−0.01	−0.02	−0.12	−0.09	−0.04	−0.06	−0.04	−0.01	0.10	0.07	0.09
	Services, n.e.c.	−0.15	−0.07	−0.09	−0.08	−0.05	0.02	0.07	0.13	0.10	0.08	0.08	0.04

統　計　表

統計表利用上の注意

1　結果数値は表章単位未満を四捨五入（事業従事者数は百人未満を四捨五入）しているため、総数と内訳の合計とは必ずしも一致しない。

2　四半期及び年は、それぞれ、当該3か月又は12か月の四捨五入前の月間数値の平均を四捨五入（事業従事者数は百人未満を四捨五入）しているため、各月の結果数値の平均とは必ずしも一致しない。

3　サービス産業動向調査では、2年ごとに標本交替を行っている。このため、第1－1表及び第1－2表に掲載する実数（売上高及び事業従事者数）については、この標本交替により生じる変動を過去に遡って調整している。本報告書においては、2020年以前の実数について、標本交替により生じた変動を調整した値（調整値）を掲載している。ただし、2023年1月に標本交替を行った際に新たに作成された2022年以前の実数の調整値については、本報告書に掲載していない。なお、調整は産業分類ごとに行っているため、上位分類の調整値は下位分類の調整値の合計とは必ずしも一致しない。

4　前期比の算出方法は、以下のとおりである。

　　　前期比（％）＝｛（当期値－前期値）／前期値｝×100

5　統計表中の「－」は該当数値のないことを、「X」は該当数値を秘匿したことを示す。

Statistical Tables

Notes regarding Statistical Tables

1   Details may not equal totals since the figures are rounded (the number of persons working at the location of establishment is rounded to the nearest hundred).

2   The quarterly and annual averages may not equal the arithmetic mean of the monthly figures given in the tables since they are arithmetic means of the monthly figures before rounding.

3   The sample establishments are replaced every 2 years. Therefore, differences arising from replacement of the sample establishments for actual figures (sales and the number of persons working at the location of establishment) are adjusted retrospectively in tables 1-1 and 1-2. In this annual report, actual figures for 2020 and earlier are the adjusted figures, which were calculated in accordance with the replacements of sample establishments. Yet, these figures are not adjusted values by the replacement of the sample establishments in January 2023. Furthermore, the sum of adjusted figures for lower-level industrial groups may not equal those for upper-level groups since the adjusted figures were calculated individually for each industry group.

4   "Change over the year" is calculated as follows:

Change over the year (%) = {(Current value – Previous value)/ Previous value}*100

5   In the statistical tables, "-" indicates that there is no relevant data and "X" indicates that the relevant figure is kept confidential.

年　　　月	合計 Total	サービス産業計 Service industry	G 情報通信業 Information and communications	37 通信業 Communications	38 放送業 Broadcasting	39 情報サービス業 Information services	40 インターネット附随サービス業 Internet based services	41 映像・音声・文字情報制作業 Video picture, sound information, character information production and distribution
実数（百万円）※								
年平均								
2013年	31,322,651	30,724,663	4,317,424	1,481,782	303,716	1,754,816	225,993	531,112
2014年	31,893,221	31,384,699	4,470,638	1,522,253	317,483	1,858,576	227,694	526,404
2015年	32,844,820	32,138,324	4,608,888	1,511,060	317,479	1,973,897	245,222	544,525
2016年	33,132,672	32,302,376	4,696,047	1,536,676	320,887	2,019,725	275,483	529,635
2017年	33,740,685	32,915,724	4,756,944	1,560,022	317,086	2,072,450	293,540	513,895
2018年	34,309,525	33,380,752	4,920,353	1,663,997	321,291	2,121,678	300,121	514,667
2019年	34,636,485	33,685,154	5,009,130	1,643,671	316,547	2,189,118	328,803	532,736
2020年	31,170,571	30,240,087	4,894,688	1,607,364	289,676	2,172,314	336,898	490,589
2021年	31,304,907	30,346,077	4,983,495	1,581,731	297,542	2,267,879	345,691	490,652
2022年	32,979,281	31,935,105	5,088,221	1,533,513	295,860	2,399,098	367,959	491,790
四半期平均								
2021年　1～3月期	32,068,560	31,081,177	5,468,440	1,680,612	307,193	2,581,824	357,157	541,654
4～6月期	30,051,288	29,142,496	4,654,099	1,540,015	290,372	2,037,771	328,040	457,901
7～9月期	30,664,596	29,712,601	4,858,371	1,531,629	288,621	2,230,447	340,846	466,828
10～12月期	32,435,185	31,448,034	4,953,070	1,574,669	303,983	2,221,473	356,721	496,224
2022年　1～3月期	32,920,524	31,846,674	5,486,938	1,622,792	306,054	2,657,557	365,092	535,444
4～6月期	32,154,639	31,154,554	4,796,775	1,520,588	287,449	2,161,768	356,307	470,663
7～9月期	32,791,334	31,749,078	4,991,742	1,480,202	288,265	2,375,826	370,276	477,173
10～12月期	34,050,629	32,990,114	5,077,428	1,510,471	301,673	2,401,243	380,163	483,879
月次								
2021年　1月	29,040,871	28,188,978	4,723,507	1,670,994	301,263	1,928,485	344,217	478,549
2月	29,229,542	28,338,172	4,712,244	1,649,201	283,390	1,976,718	330,292	472,643
3月	37,935,267	36,716,380	6,969,570	1,721,642	336,928	3,840,268	396,963	673,770
4月	30,287,951	29,387,672	4,504,417	1,540,083	290,036	1,847,865	328,378	498,054
5月	28,976,426	28,106,872	4,404,774	1,538,526	290,460	1,835,639	320,515	419,635
6月	30,889,487	29,932,944	5,053,106	1,541,436	290,619	2,429,809	335,227	456,015
7月	30,698,522	29,752,512	4,519,936	1,524,678	286,602	1,908,056	345,133	455,466
8月	29,689,211	28,782,962	4,481,117	1,501,140	283,973	1,920,806	334,031	441,168
9月	31,606,056	30,602,330	5,574,060	1,569,069	295,288	2,862,479	343,375	503,849
10月	31,013,517	30,080,665	4,644,216	1,574,609	296,026	1,953,922	338,856	480,803
11月	31,604,392	30,657,524	4,666,514	1,554,616	298,415	1,983,218	347,942	482,323
12月	34,687,647	33,605,913	5,548,482	1,594,781	317,510	2,727,281	383,366	525,545
2022年　1月	30,305,395	29,359,720	4,779,517	1,582,479	301,089	2,066,002	343,503	486,443
2月	29,794,090	28,830,439	4,774,799	1,569,247	279,201	2,122,435	336,240	467,676
3月	38,662,087	37,349,864	6,906,499	1,716,649	337,872	3,784,233	415,532	652,213
4月	31,819,292	30,834,225	4,669,490	1,524,949	291,393	1,994,856	354,203	504,089
5月	31,407,707	30,451,144	4,493,197	1,510,005	289,237	1,895,631	350,621	447,702
6月	33,236,917	32,178,292	5,227,638	1,526,808	281,717	2,594,817	364,098	460,197
7月	32,422,359	31,398,872	4,629,443	1,465,501	292,341	2,028,456	364,772	478,373
8月	31,819,668	30,832,347	4,595,618	1,442,764	280,831	2,054,321	363,616	454,086
9月	34,131,974	33,016,016	5,750,165	1,532,342	291,624	3,044,701	382,439	499,060
10月	33,089,354	32,075,209	4,720,781	1,508,776	293,824	2,088,042	365,675	464,465
11月	33,012,292	31,978,576	4,779,385	1,495,583	295,370	2,141,625	374,662	472,145
12月	36,050,241	34,916,558	5,732,118	1,527,053	315,826	2,974,062	400,151	515,026
前年（同期・同月）比（％）								
年平均								
2014年	1.8	2.1	3.5	2.7	4.5	5.9	0.8	-0.9
2015年	3.0	2.4	3.1	-0.7	0.0	6.2	7.7	3.4
2016年	0.9	0.5	1.9	1.7	1.1	2.3	12.3	-2.7
2017年	1.8	1.9	1.3	1.5	-1.2	2.6	6.6	-3.0
2018年	1.7	1.4	3.4	6.7	1.3	2.4	2.2	0.2
2019年	1.0	0.9	1.8	-1.2	-1.5	3.2	9.6	3.5
2020年	-10.0	-10.2	-2.3	-2.2	-8.5	-0.8	2.5	-7.9
2021年	0.4	0.4	1.8	-1.6	2.7	4.4	2.6	0.0
2022年	5.3	5.2	2.1	-3.0	-0.6	5.8	6.4	0.2
四半期平均								
2022年　1～3月期	2.7	2.5	0.3	-3.4	-0.4	2.9	2.2	-1.1
4～6月期	7.0	6.9	3.1	-1.3	-1.0	6.1	8.6	2.8
7～9月期	6.9	6.9	2.7	-3.4	-0.1	6.5	8.6	2.2
10～12月期	5.0	4.9	2.5	-4.1	-0.8	8.1	6.6	-2.5
月次								
2022年　1月	4.4	4.2	1.2	-5.3	-0.1	7.1	-0.2	1.6
2月	1.9	1.7	1.3	-4.8	-1.5	7.4	1.8	-1.1
3月	1.9	1.7	-0.9	-0.3	0.3	-1.5	4.7	-3.2
4月	5.1	4.9	3.7	-1.0	0.5	8.0	7.9	1.2
5月	8.4	8.3	2.0	-1.9	-0.4	3.3	9.4	6.7
6月	7.6	7.5	3.5	-0.9	-3.1	6.8	8.6	0.9
7月	5.6	5.5	2.4	-3.9	2.0	6.3	5.7	5.0
8月	7.2	7.1	2.6	-3.9	-1.1	7.0	8.9	2.9
9月	8.0	7.9	3.2	-2.3	-1.2	6.4	11.4	-1.0
10月	6.7	6.6	1.6	-4.2	-0.7	6.9	7.9	-3.4
11月	4.5	4.3	2.4	-3.8	-1.0	8.0	7.7	-2.1
12月	3.9	3.9	3.3	-4.2	-0.5	9.0	4.4	-2.0

※　2020年以前の実数は、2021年1月までの標本交替により生じた変動を調整した値である。

（中分類）別売上高
Groups) of Business Activity

合計、サービス産業計、産業（G～H）

（単位　百万円、％　　Unit 1 million yen, %）

H 運輸業，郵便業 Transport and postal activities	42 鉄道業 Railway transport	43 道路旅客運送業 Road passenger transport	44 道路貨物運送業 Road freight transport	45 水運業 Water transport	47 倉庫業 Warehousing	48 運輸に附帯するサービス業 Services incidental to transport	4* 航空運輸業, 郵便業（信書便事業を含む） Air transport, postal activities, including mail delivery	Year and month
								Actual figures (1 million yen) *
								Annual average
4,677,142	619,932	293,126	1,736,096	528,153	306,485	966,870	257,283	2013
4,816,261	635,268	291,281	1,780,195	563,005	310,195	1,007,829	261,723	2014
4,947,746	664,041	305,637	1,782,953	582,159	323,861	1,050,983	273,829	2015
4,909,914	672,489	311,477	1,798,854	511,257	327,878	1,043,870	277,581	2016
5,144,555	688,729	311,638	1,864,030	526,798	351,498	1,148,593	297,851	2017
5,303,488	687,538	306,576	1,977,581	508,237	367,777	1,189,447	306,485	2018
5,382,396	692,654	310,869	2,011,415	511,898	354,991	1,221,104	311,365	2019
4,529,930	419,533	212,710	1,934,427	402,295	349,131	1,066,351	148,863	2020
4,682,977	399,159	191,699	2,003,402	452,465	365,473	1,120,527	150,253	2021
5,200,976	501,594	230,355	2,070,914	562,112	415,459	1,159,897	260,646	2022
								Quarter average
4,510,245	366,542	179,668	1,980,841	396,082	348,700	1,111,502	126,911	Jan. - Mar.　2021
4,532,922	368,315	178,226	1,939,256	427,629	356,624	1,132,344	130,528	Apr. - Jun.
4,610,966	385,097	184,716	1,972,385	466,133	366,367	1,084,909	151,359	Jul. - Sep.
5,077,776	476,680	224,185	2,121,125	520,015	390,203	1,153,354	192,214	Oct. - Dec.
4,842,827	417,163	191,164	2,027,747	488,225	392,806	1,126,721	199,000	Jan. - Mar.　2022
5,138,257	505,121	231,737	2,009,517	557,909	401,993	1,176,174	255,807	Apr. - Jun.
5,300,822	515,692	238,634	2,067,261	596,684	421,147	1,162,875	298,528	Jul. - Sep.
5,522,000	568,400	259,884	2,179,129	605,631	445,888	1,173,818	289,250	Oct. - Dec.
								Monthly
4,154,512	341,728	167,535	1,855,908	377,454	333,909	967,459	110,519	Jan.　2021
4,194,502	332,987	161,932	1,898,267	361,952	333,257	996,311	109,797	Feb.
5,181,722	424,911	209,536	2,188,346	448,840	378,932	1,370,738	160,418	Mar.
4,727,733	402,705	188,674	2,015,124	410,987	363,304	1,199,959	146,980	Apr.
4,330,102	341,804	166,884	1,812,679	427,462	338,931	1,122,565	119,777	May
4,540,931	360,438	179,118	1,989,966	444,438	367,638	1,074,508	124,826	Jun.
4,762,523	401,175	207,883	2,053,356	476,590	369,055	1,098,338	156,126	Jul.
4,423,909	356,205	175,599	1,872,083	469,374	355,581	1,040,313	154,753	Aug.
4,646,467	397,911	170,665	1,991,715	452,436	374,466	1,116,077	143,197	Sep.
4,899,042	464,093	210,511	2,036,489	512,348	381,939	1,121,446	172,217	Oct.
5,029,636	464,104	226,021	2,096,512	521,214	387,207	1,142,793	191,783	Nov.
5,304,651	501,844	236,024	2,230,373	526,485	401,462	1,195,823	212,641	Dec.
4,589,605	415,183	187,559	1,900,792	481,289	369,906	1,040,427	194,449	Jan.　2022
4,505,127	359,740	161,328	1,930,851	446,000	379,562	1,049,588	178,058	Feb.
5,433,750	476,565	224,606	2,251,599	537,386	428,950	1,290,149	224,494	Mar.
5,304,857	529,999	218,952	2,072,710	516,114	407,894	1,311,076	248,112	Apr.
4,873,115	492,688	231,345	1,891,436	560,508	382,638	1,056,836	257,663	May
5,236,798	492,675	244,913	2,064,404	597,105	415,447	1,160,608	261,646	Jun.
5,334,035	515,913	242,753	2,086,824	612,064	413,352	1,161,461	301,667	Jul.
5,164,299	494,627	229,590	2,007,716	600,262	416,274	1,111,315	304,515	Aug.
5,404,132	536,535	243,560	2,107,244	577,726	433,815	1,215,849	289,403	Sep.
5,496,341	583,077	261,192	2,110,074	622,077	442,190	1,173,642	304,089	Oct.
5,443,969	543,575	257,313	2,166,075	609,741	445,001	1,140,624	281,641	Nov.
5,625,689	578,548	261,146	2,261,239	585,074	450,474	1,207,188	282,019	Dec.
								Change over the year (%)
								Annual average
3.0	2.5	-0.6	2.5	6.6	1.2	4.2	1.7	2014
2.7	4.5	4.9	0.2	3.4	4.4	4.3	4.6	2015
-0.8	1.3	1.9	0.9	-12.2	1.2	-0.7	1.4	2016
4.8	2.4	0.1	3.6	3.0	7.2	10.0	7.3	2017
3.1	-0.2	-1.6	6.1	-3.5	4.6	3.6	2.9	2018
1.5	0.7	1.4	1.7	0.7	-3.5	2.7	1.6	2019
-15.8	-39.4	-31.6	-3.8	-21.4	-1.7	-12.7	-52.2	2020
3.4	-4.9	-9.9	3.6	12.5	4.7	5.1	0.9	2021
11.1	25.7	20.2	3.4	24.2	13.7	3.5	73.5	2022
								Quarter average
7.4	13.8	6.4	2.4	23.3	12.6	1.4	56.8	Jan. - Mar.　2022
13.4	37.1	30.0	3.6	30.5	12.7	3.9	96.0	Apr. - Jun.
15.0	33.9	29.2	4.8	28.0	15.0	7.2	97.2	Jul. - Sep.
8.7	19.2	15.9	2.7	16.5	14.3	1.8	50.5	Oct. - Dec.
								Monthly
10.5	21.5	12.0	2.4	27.5	10.8	7.5	75.9	Jan.　2022
7.4	8.0	-0.4	1.7	23.2	13.9	5.3	62.2	Feb.
4.9	12.2	7.2	2.9	19.7	13.2	-5.9	39.9	Mar.
12.2	31.6	16.0	2.9	25.6	12.3	9.3	68.8	Apr.
12.5	44.1	38.6	4.3	31.1	12.9	-5.9	115.1	May
15.3	36.7	36.7	3.7	34.4	13.0	8.0	109.6	Jun.
12.0	28.6	16.8	1.6	28.4	12.0	5.7	93.2	Jul.
16.7	38.9	30.7	7.2	27.9	17.1	6.8	96.8	Aug.
16.3	34.8	42.7	5.8	27.7	15.8	8.9	102.1	Sep.
12.2	25.6	24.1	3.6	21.4	15.8	4.7	76.6	Oct.
8.2	17.1	13.8	3.3	17.0	14.9	-0.2	46.9	Nov.
6.1	15.3	10.6	1.4	11.1	12.2	1.0	32.6	Dec.

* The actual figures for 2020 and earlier are the adjusted figures, which were calculated in accordance with the replacements of sample establishments until 2021.

年　　　　月	K 不動産業, 物品賃貸業 Real estate and goods rental and leasing	68 不動産取引業 Real estate agencies	69 不動産賃貸業・管理業 Real estate lessors and managers	70 物品賃貸業 Goods rental and leasing	L 学術研究, 専門・技術サービス業 1) Scientific research, professional and technical services 1)	72 専門サービス業（他に分類されないもの）2) Professional services, n.e.c. 2)	73 広告業 Advertising	74 技術サービス業（他に分類されないもの） Technical services, n.e.c.
実数（百万円） ※								
年平均								
2013年	3,745,348	1,218,058	1,597,814	915,202	2,431,279	665,981	801,260	967,816
2014年	3,883,529	1,310,482	1,599,930	954,961	2,544,009	677,122	834,011	1,033,077
2015年	3,932,539	1,310,464	1,631,441	975,271	2,717,097	733,253	852,934	1,131,008
2016年	4,007,768	1,294,616	1,704,694	987,120	2,821,234	766,390	893,433	1,161,483
2017年	4,161,751	1,376,382	1,743,322	1,024,853	2,825,273	790,202	877,044	1,156,258
2018年	4,249,138	1,425,260	1,771,323	1,039,732	2,828,673	815,601	854,595	1,158,977
2019年	4,353,824	1,397,076	1,837,394	1,091,656	2,890,659	818,762	843,484	1,228,168
2020年	4,217,742	1,307,255	1,806,678	1,068,576	2,797,143	808,878	737,249	1,248,993
2021年	4,093,893	1,255,999	1,781,983	1,055,912	2,834,406	800,897	793,893	1,239,616
2022年	4,193,040	1,250,359	1,859,763	1,082,918	2,856,183	799,775	781,135	1,275,273
四半期平均								
2021年　1～ 3月期	4,402,294	1,498,961	1,831,344	1,071,989	3,157,335	847,923	848,223	1,461,188
4～ 6月期	3,980,337	1,196,612	1,761,057	1,022,668	2,662,991	765,213	723,722	1,174,056
7～ 9月期	3,929,816	1,121,312	1,763,370	1,045,134	2,699,500	783,516	783,450	1,132,535
10～12月期	4,063,124	1,207,110	1,772,159	1,083,855	2,817,799	806,937	820,178	1,190,684
2022年　1～ 3月期	4,509,151	1,530,897	1,881,060	1,097,194	3,196,861	831,795	859,111	1,505,955
4～ 6月期	4,063,681	1,190,844	1,830,470	1,042,367	2,692,246	772,268	701,807	1,218,172
7～ 9月期	4,031,427	1,119,761	1,843,586	1,068,080	2,700,753	781,812	740,433	1,178,508
10～12月期	4,167,901	1,159,934	1,883,936	1,124,032	2,834,873	813,226	823,190	1,198,456
月次								
2021年　1月	3,817,415	983,750	1,788,110	1,045,555	2,433,933	738,942	701,402	993,588
2月	4,147,211	1,311,900	1,801,723	1,033,588	2,558,221	747,003	714,637	1,096,581
3月	5,242,256	2,201,232	1,904,199	1,136,825	4,479,850	1,057,823	1,128,631	2,293,396
4月	4,008,462	1,220,745	1,768,678	1,019,039	2,680,112	779,555	785,550	1,115,006
5月	3,887,883	1,153,289	1,743,682	990,912	2,425,233	730,805	667,014	1,027,413
6月	4,044,667	1,215,802	1,770,811	1,058,053	2,883,630	785,280	718,601	1,379,749
7月	3,872,564	1,077,535	1,751,544	1,043,485	2,618,381	778,942	805,502	1,033,937
8月	3,796,079	1,036,335	1,746,381	1,013,362	2,495,203	749,651	722,740	1,022,813
9月	4,120,806	1,250,065	1,792,185	1,078,556	2,984,917	821,954	822,108	1,340,855
10月	3,840,582	1,018,927	1,765,563	1,056,092	2,538,212	773,336	758,685	1,006,191
11月	4,033,752	1,200,368	1,754,052	1,079,331	2,670,476	791,544	762,784	1,116,148
12月	4,315,039	1,402,034	1,796,863	1,116,142	3,244,710	855,932	939,066	1,449,712
2022年　1月	3,962,280	1,061,197	1,842,727	1,058,355	2,470,135	707,760	714,400	1,047,975
2月	4,242,210	1,327,210	1,844,270	1,070,730	2,620,135	739,590	706,526	1,174,019
3月	5,322,962	2,204,283	1,956,183	1,162,495	4,500,314	1,048,034	1,156,407	2,295,873
4月	4,019,303	1,174,240	1,811,337	1,033,725	2,668,011	757,499	759,684	1,150,828
5月	4,011,005	1,154,888	1,836,398	1,019,719	2,489,615	751,887	644,706	1,093,021
6月	4,160,735	1,243,403	1,843,676	1,073,656	2,919,113	807,416	701,031	1,410,666
7月	3,948,122	1,063,101	1,832,060	1,052,962	2,649,440	784,566	738,563	1,126,311
8月	3,845,220	968,377	1,832,157	1,044,686	2,495,955	762,844	685,384	1,047,728
9月	4,300,939	1,327,805	1,866,542	1,106,593	2,956,864	798,025	797,353	1,361,486
10月	4,002,755	1,021,246	1,869,405	1,112,103	2,613,830	792,335	768,295	1,053,201
11月	4,070,854	1,087,136	1,874,771	1,108,947	2,627,600	784,854	773,543	1,069,203
12月	4,430,094	1,371,419	1,907,631	1,151,044	3,263,188	862,490	927,733	1,472,965
前年（同期・同月）比（％）								
年平均								
2014年	3.7	7.6	0.1	4.3	4.6	1.7	4.1	6.7
2015年	1.3	0.0	2.0	2.1	6.8	8.3	2.3	9.5
2016年	1.9	-1.2	4.5	1.2	3.8	4.5	4.7	2.7
2017年	3.8	6.3	2.3	3.8	0.1	3.1	-1.8	-0.4
2018年	2.1	3.6	1.6	1.5	0.1	3.2	-2.6	0.2
2019年	2.5	-2.0	3.7	5.0	2.2	0.4	-1.3	6.0
2020年	-3.1	-6.4	-1.7	-2.1	-3.2	-1.2	-12.6	1.7
2021年	-2.9	-3.9	-1.4	-1.2	1.3	-1.0	7.7	-0.8
2022年	2.4	-0.4	4.4	2.6	0.8	-0.1	-1.6	2.9
四半期平均								
2022年　1～ 3月期	2.4	2.1	2.7	2.4	1.3	-1.9	1.3	3.1
4～ 6月期	2.1	-0.5	3.9	1.9	1.1	0.9	-3.0	3.8
7～ 9月期	2.6	-0.1	4.5	2.2	0.0	-0.2	-5.5	4.1
10～12月期	2.6	-3.9	6.3	3.7	0.6	0.8	0.4	0.7
月次								
2022年　1月	3.8	7.9	3.1	1.2	1.5	-4.2	1.9	5.5
2月	2.3	1.2	2.4	3.6	2.4	-1.0	-1.1	7.1
3月	1.5	0.1	2.7	2.3	0.5	-0.9	2.5	0.1
4月	0.3	-3.8	2.4	1.4	-0.5	-2.8	-3.3	3.2
5月	3.2	0.1	5.3	2.9	2.7	2.9	-3.3	6.4
6月	2.9	2.3	4.1	1.5	1.2	2.8	-2.4	2.2
7月	2.0	-1.3	4.6	0.9	1.2	0.7	-8.3	8.9
8月	1.3	-6.6	4.9	3.1	0.0	1.8	-5.2	2.4
9月	4.4	6.2	4.1	2.6	-0.9	-2.9	-3.0	1.5
10月	4.2	0.2	5.9	5.3	3.0	2.5	1.3	4.7
11月	0.9	-9.4	6.9	2.7	-1.6	-0.8	1.4	-4.2
12月	2.7	-2.2	6.2	3.1	0.6	0.8	-1.2	1.6

※　2020年以前の実数は、2021年1月までの標本交替により生じた変動を調整した値である。

1)「学術・開発研究機関」を除く。
2)「純粋持株会社」を除く。
3)「家事サービス業」を除く。

（中分類）別売上高（続き）
Groups) of Business Activity - Continued

産業（K～N）

（単位　百万円、％　　Unit 1 million yen, %）

M 宿泊業, 飲食サービス業 Accommodations, eating and drinking services	75 宿泊業 Accommodations	76 飲食店 Eating and drinking places	77 持ち帰り・配達飲食サービス業 Food take out and delivery services	N 生活関連サービス業, 娯楽業 Living-related and personal services and amusement services	78 洗濯・理容・美容・浴場業 Laundry, beauty and bath services	79 その他の生活関連サービス業 3) Miscellaneous living-related and personal services 3)	80 娯楽業 Services for amusement and hobbies	Year and month
								Actual figures (1 million yen) *
								Annual average
2,690,267	488,315	1,948,515	246,813	5,570,529	575,990	886,132	4,111,573	2013
2,709,864	491,030	1,964,884	247,443	5,475,388	552,399	940,930	3,972,599	2014
2,769,979	502,588	2,014,410	248,303	5,356,497	550,108	944,571	3,842,639	2015
2,801,887	521,283	2,022,524	250,825	4,989,429	542,986	923,207	3,503,262	2016
2,810,452	519,490	2,037,673	252,971	4,794,030	524,361	901,792	3,352,132	2017
2,796,703	511,856	2,033,298	251,677	4,649,302	509,897	879,441	3,244,834	2018
2,796,027	542,191	1,995,461	260,724	4,513,404	515,194	875,244	3,099,135	2019
2,009,904	324,832	1,453,259	231,593	3,320,526	439,588	466,520	2,415,993	2020
1,775,411	323,153	1,214,230	238,029	3,326,280	437,419	383,236	2,505,624	2021
2,069,840	451,788	1,380,600	237,451	3,656,778	448,880	516,263	2,691,636	2022
								Quarter average
1,697,710	257,572	1,204,676	235,461	3,237,053	406,814	371,952	2,458,288	Jan. - Mar. 2021
1,593,326	262,907	1,088,681	241,738	3,291,237	459,020	345,612	2,486,605	Apr. - Jun.
1,660,941	349,472	1,083,583	227,886	3,280,865	425,442	350,216	2,505,206	Jul. - Sep.
2,149,666	422,658	1,479,979	247,029	3,495,963	458,400	465,164	2,572,399	Oct. - Dec.
1,672,080	320,127	1,122,307	229,646	3,374,848	397,580	401,296	2,575,971	Jan. - Mar. 2022
2,070,646	425,182	1,406,461	239,002	3,688,100	486,555	487,033	2,714,511	Apr. - Jun.
2,154,657	514,546	1,407,124	232,987	3,667,685	445,456	522,755	2,699,474	Jul. - Sep.
2,381,976	547,297	1,586,509	248,171	3,896,480	465,928	653,967	2,776,585	Oct. - Dec.
								Monthly
1,595,842	232,471	1,128,331	235,041	3,284,443	372,083	340,163	2,572,197	Jan. 2021
1,544,934	216,109	1,098,846	229,980	3,000,630	384,085	321,908	2,294,637	Feb.
1,952,354	324,138	1,386,853	241,363	3,426,087	464,273	453,785	2,508,029	Mar.
1,737,381	270,348	1,224,724	242,308	3,295,336	470,323	363,394	2,461,618	Apr.
1,537,861	281,972	1,015,238	240,651	3,380,586	450,616	334,128	2,595,841	May
1,504,737	236,402	1,026,081	242,254	3,197,790	456,121	339,314	2,402,355	Jun.
1,870,378	363,719	1,267,309	239,350	3,382,477	463,557	373,206	2,545,713	Jul.
1,674,350	407,881	1,051,110	215,539	3,333,233	416,850	347,019	2,569,365	Aug.
1,438,096	276,817	932,329	228,951	3,126,884	395,920	330,424	2,400,540	Sep.
1,957,028	380,901	1,330,725	245,402	3,391,033	447,799	423,608	2,519,625	Oct.
2,097,195	428,069	1,430,104	239,022	3,345,180	432,223	485,225	2,427,731	Nov.
2,394,774	459,005	1,679,108	256,661	3,751,678	495,178	486,660	2,769,840	Dec.
1,758,730	338,184	1,186,777	233,769	3,437,661	379,847	361,440	2,696,374	Jan. 2022
1,383,811	257,926	905,732	220,154	3,045,184	358,203	337,050	2,349,932	Feb.
1,873,699	364,272	1,274,413	235,014	3,641,698	454,692	505,398	2,681,608	Mar.
1,995,762	387,666	1,372,442	235,654	3,598,883	490,880	446,114	2,661,889	Apr.
2,167,200	476,094	1,452,987	238,119	3,871,067	486,000	495,466	2,889,601	May
2,048,976	411,787	1,393,955	243,234	3,594,349	482,786	519,519	2,592,044	Jun.
2,158,781	477,717	1,440,987	240,077	3,729,194	472,290	516,726	2,740,178	Jul.
2,219,339	595,546	1,403,967	219,826	3,703,784	438,371	492,613	2,772,801	Aug.
2,085,852	470,374	1,376,420	239,058	3,570,078	425,708	558,925	2,585,445	Sep.
2,323,143	541,780	1,531,882	249,480	3,890,357	461,418	632,237	2,796,701	Oct.
2,297,677	547,355	1,507,844	242,478	3,706,328	436,007	661,008	2,609,313	Nov.
2,525,108	552,755	1,719,799	252,554	4,092,755	500,360	668,654	2,923,741	Dec.
								Change over the year (%)
								Annual average
0.7	0.6	0.8	0.3	-1.7	-4.1	6.2	-3.4	2014
2.2	2.4	2.5	0.3	-2.2	-0.4	0.4	-3.3	2015
1.2	3.7	0.4	1.0	-6.9	-1.3	-2.3	-8.8	2016
0.3	-0.3	0.7	0.9	-3.9	-3.4	-2.3	-4.3	2017
-0.5	-1.5	-0.2	-0.5	-3.0	-2.8	-2.5	-3.2	2018
0.0	5.9	-1.9	3.6	-2.9	1.0	-0.5	-4.5	2019
-28.1	-40.1	-27.2	-11.2	-26.4	-14.7	-46.7	-22.0	2020
-11.7	-0.5	-16.4	2.8	0.2	-0.5	-17.9	3.7	2021
16.6	39.8	13.7	-0.2	9.9	2.6	34.7	7.4	2022
								Quarter average
-1.5	24.3	-6.8	-2.5	4.3	-2.3	7.9	4.8	Jan. - Mar. 2022
30.0	61.7	29.2	-1.1	12.1	6.0	40.9	9.2	Apr. - Jun.
29.7	47.2	29.9	2.2	11.8	4.7	49.3	7.8	Jul. - Sep.
10.8	29.5	7.2	0.5	11.5	1.6	40.6	7.9	Oct. - Dec.
								Monthly
10.2	45.5	5.2	-0.5	4.7	2.1	6.3	4.8	Jan. 2022
-10.4	19.3	-17.6	-4.3	1.5	-6.7	4.7	2.4	Feb.
-4.0	12.4	-8.1	-2.6	6.3	-2.1	11.4	6.9	Mar.
14.9	43.4	12.1	-2.7	9.2	4.4	22.8	8.1	Apr.
40.9	68.8	43.1	-1.1	14.5	7.9	48.3	11.3	May
36.2	74.2	35.9	0.4	12.4	5.8	53.1	7.9	Jun.
15.4	31.3	13.7	0.3	10.3	1.9	38.5	7.6	Jul.
32.5	46.0	33.6	2.1	11.1	5.2	42.0	7.9	Aug.
45.0	69.9	47.6	4.4	14.2	7.5	69.2	7.7	Sep.
18.7	42.2	15.1	1.7	14.7	3.0	49.3	11.0	Oct.
9.6	27.9	5.4	1.4	10.8	0.9	36.2	7.5	Nov.
5.4	20.4	2.4	-1.6	9.1	1.0	37.4	5.6	Dec.

* The actual figures for 2020 and earlier are the adjusted figures, which were calculated in accordance with the replacements of sample establishments until 2021.

1) Excluding "scientific and development research institutes"

2) Excluding "pure holding companies"

3) Excluding "domestic services"

年　　　　月	O 教育, 学習支援業 4) Education, learning support 4)	82 その他の 教育, 学習 支援業 Miscellaneous education, learning support	82a うち社会教育, 職業・教育 支援施設 of which social education and vocational and educational support facilities	82b うち学習塾, 教養・技能 教授業 of which supplementary tutorial schools and instruction service for arts, culture and technicals	P 医療, 福祉 Medical, health care and welfare	83 医療業 Medical and other health services	84 保健衛生 5) Public health and hygiene 5)	85 社会保険・ 社会福祉・ 介護事業 6) Social insurance and social welfare 6)
実数（百万円）※								
年平均								
2013年	326,688	326,688	79,534	201,784	4,451,745	3,230,289	51,824	1,166,059
2014年	312,786	312,786	79,623	188,811	4,524,042	3,266,136	54,503	1,205,197
2015年	308,954	308,954	76,241	190,054	4,675,679	3,391,844	52,002	1,230,289
2016年	307,291	307,291	76,591	189,460	4,800,103	3,479,180	54,747	1,265,440
2017年	316,678	316,678	74,654	195,967	4,859,978	3,476,880	60,854	1,323,045
2018年	322,282	322,282	69,975	204,536	4,925,263	3,509,925	59,599	1,355,570
2019年	326,112	326,112	68,537	200,289	4,969,351	3,542,528	55,499	1,370,965
2020年	284,300	284,300	53,854	173,043	4,789,946	3,379,778	50,067	1,361,750
2021年	289,303	289,303	51,786	184,931	4,907,139	3,477,594	57,145	1,372,399
2022年	295,698	295,698	59,562	185,574	4,973,212	3,539,342	56,119	1,377,752
四半期平均								
2021年　　1～ 3月期	299,675	299,675	47,358	190,119	4,829,848	3,416,249	47,936	1,365,664
4～ 6月期	271,872	271,872	50,922	173,215	4,826,922	3,413,507	51,584	1,361,831
7～ 9月期	288,534	288,534	49,834	187,650	4,930,275	3,488,287	63,204	1,378,784
10～12月期	297,130	297,130	59,029	188,742	5,041,509	3,592,335	65,856	1,383,318
2022年　　1～ 3月期	291,363	291,363	51,990	182,089	4,851,724	3,453,924	46,277	1,351,523
4～ 6月期	284,076	284,076	61,138	177,046	4,913,189	3,486,696	54,370	1,372,123
7～ 9月期	305,094	305,094	62,196	192,969	5,010,211	3,564,658	60,889	1,384,663
10～12月期	302,259	302,259	62,925	190,191	5,117,725	3,652,091	62,938	1,402,697
月次								
2021年　　1月	297,857	297,857	40,352	197,389	4,723,430	3,320,157	47,020	1,356,253
2月	288,770	288,770	42,799	179,819	4,610,737	3,250,944	47,024	1,312,769
3月	312,399	312,399	58,922	193,149	5,155,378	3,677,645	49,763	1,427,970
4月	291,373	291,373	55,497	184,944	4,859,582	3,441,652	45,735	1,372,196
5月	257,637	257,637	46,695	165,502	4,711,583	3,313,525	45,644	1,352,413
6月	266,606	266,606	50,573	169,198	4,909,601	3,485,344	63,373	1,360,884
7月	292,362	292,362	52,347	191,647	4,959,864	3,514,961	63,624	1,381,278
8月	300,861	300,861	48,678	195,338	4,918,627	3,478,668	61,760	1,378,199
9月	272,378	272,378	48,478	175,966	4,912,334	3,471,231	64,228	1,376,875
10月	285,675	285,675	55,818	186,269	5,033,513	3,578,322	72,470	1,382,721
11月	289,322	289,322	61,248	178,873	5,010,608	3,567,786	68,102	1,374,720
12月	316,394	316,394	60,021	201,084	5,080,406	3,630,898	56,995	1,392,513
2022年　　1月	290,173	290,173	46,165	190,805	4,811,727	3,411,848	45,611	1,354,269
2月	272,291	272,291	44,436	167,920	4,591,589	3,259,999	44,109	1,287,480
3月	311,626	311,626	65,369	187,542	5,151,857	3,689,924	49,112	1,412,821
4月	293,022	293,022	60,579	184,811	4,841,183	3,444,107	47,484	1,349,592
5月	276,594	276,594	61,835	171,046	4,885,831	3,454,686	52,380	1,378,765
6月	282,612	282,612	61,000	175,281	5,012,553	3,561,294	63,247	1,388,012
7月	302,878	302,878	59,205	195,831	5,054,755	3,596,451	62,590	1,395,714
8月	316,553	316,553	63,580	198,967	5,028,734	3,581,779	58,729	1,388,226
9月	295,851	295,851	63,802	184,108	4,947,142	3,515,745	61,348	1,370,049
10月	293,643	293,643	64,836	185,436	5,095,561	3,611,675	68,029	1,415,857
11月	298,133	298,133	64,760	184,300	5,093,065	3,635,079	65,335	1,392,651
12月	315,001	315,001	59,180	200,837	5,164,549	3,709,517	55,450	1,399,582
前年（同期・同月）比（%）								
年平均								
2014年	-4.3	-4.3	0.1	-6.4	1.6	1.1	5.2	3.4
2015年	-1.2	-1.2	-4.2	0.7	3.4	3.8	-4.6	2.1
2016年	-0.5	-0.5	0.5	-0.3	2.7	2.6	5.3	2.9
2017年	3.1	3.1	-2.5	3.4	1.2	-0.1	11.2	4.6
2018年	1.8	1.8	-6.3	4.4	1.3	1.0	-2.1	2.5
2019年	1.2	1.2	-2.1	-2.1	0.9	0.9	-6.9	1.1
2020年	-12.8	-12.8	-21.4	-13.6	-3.6	-4.6	-9.8	-0.7
2021年	1.8	1.8	-3.8	6.9	2.4	2.9	14.1	0.8
2022年	2.2	2.2	15.0	0.3	1.3	1.8	-1.8	0.4
四半期平均								
2022年　　1～ 3月期	-2.8	-2.8	9.8	-4.2	0.5	1.1	-3.5	-1.0
4～ 6月期	4.5	4.5	20.1	2.2	1.8	2.1	5.4	0.8
7～ 9月期	5.7	5.7	24.8	2.8	1.6	2.2	-3.7	0.4
10～12月期	1.7	1.7	6.6	0.8	1.5	1.7	-4.4	1.4
月次								
2022年　　1月	-2.6	-2.6	14.4	-3.3	1.9	2.8	-3.0	-0.1
2月	-5.7	-5.7	3.8	-6.6	-0.4	0.3	-6.2	-1.9
3月	-0.2	-0.2	10.9	-2.9	-0.1	0.3	-1.3	-1.1
4月	0.6	0.6	9.2	-0.1	-0.4	0.1	3.8	-1.6
5月	7.4	7.4	32.4	3.3	3.7	4.3	14.8	1.9
6月	6.0	6.0	20.6	3.6	2.1	2.2	-0.2	2.0
7月	3.6	3.6	13.1	2.2	1.9	2.3	-1.6	1.0
8月	5.2	5.2	30.6	1.9	2.2	3.0	-4.9	0.7
9月	8.6	8.6	31.6	4.6	0.7	1.3	-4.5	-0.4
10月	2.8	2.8	16.2	-0.4	1.2	0.9	-6.1	2.4
11月	3.0	3.0	5.7	3.0	1.6	1.9	-4.1	1.3
12月	-0.4	-0.4	-1.4	-0.1	1.7	2.2	-2.7	0.5

※　2020年以前の実数は、2021年1月までの標本交替により生じた変動を調整した値である。

4)「学校教育」を除く。

5)「保健所」を除く。

6)「社会保険事業団体」及び「福祉事務所」を除く。

7)「政治・経済・文化団体」、「宗教」及び「外国公務」を除く。

（中分類）別売上高（続き）
Groups) of Business Activity - Continued

産業（O～R）、その他

(単位 百万円、%)　　Unit 1 million yen, %)

R サービス業（他に分類されないもの）7) Services, n.e.c. 7)	88 廃棄物処理業 Waste disposal business	89 自動車整備業 Automobile maintenance services	90 機械等修理業（別掲を除く）Machine, etc. repair services, except otherwise classified	91 職業紹介・労働者派遣業 Employment and worker dispatching services	92 その他の事業サービス業 Miscellaneous business services	95 その他のサービス業 Miscellaneous services	その他 Others	Year and month
								Actual figures (1 million yen) *
								Annual average
2,961,180	297,616	248,836	289,880	504,068	1,599,698	42,618	673,691	2013
3,025,998	307,704	260,037	289,325	509,772	1,640,646	43,676	617,790	2014
3,165,509	329,686	268,402	340,182	539,492	1,647,193	49,536	756,037	2015
3,259,282	349,622	279,082	351,542	582,578	1,651,018	53,442	838,102	2016
3,455,712	380,460	283,737	385,605	596,231	1,756,300	54,569	831,459	2017
3,556,919	396,230	282,246	383,155	622,442	1,819,438	55,680	928,501	2018
3,571,631	413,703	293,269	374,066	633,998	1,799,849	58,628	951,351	2019
3,376,345	422,923	271,239	363,037	588,276	1,684,608	46,173	926,767	2020
3,453,173	449,709	260,627	365,791	611,164	1,730,801	35,082	958,830	2021
3,601,156	466,979	254,786	382,100	691,541	1,770,360	35,390	1,044,176	2022
								Quarter average
3,478,576	448,164	263,927	392,345	583,213	1,754,094	36,833	987,383	Jan. - Mar.　2021
3,328,790	445,329	259,452	333,916	603,895	1,653,350	32,848	908,792	Apr. - Jun.
3,453,332	443,939	255,424	371,945	611,043	1,737,598	33,382	951,995	Jul. - Sep.
3,551,996	461,403	263,703	364,961	646,502	1,778,162	37,265	987,151	Oct. - Dec.
3,620,882	457,225	246,151	402,286	659,266	1,822,177	33,776	1,073,850	Jan. - Mar.　2022
3,507,584	472,400	255,175	352,712	695,813	1,696,406	35,079	1,000,085	Apr. - Jun.
3,586,687	461,202	253,923	379,821	693,545	1,763,234	34,962	1,042,255	Jul. - Sep.
3,689,472	477,088	263,895	393,582	717,541	1,799,622	37,744	1,060,515	Oct. - Dec.
								Monthly
3,158,039	407,858	228,322	318,848	547,262	1,616,092	39,657	851,892	Jan.　2021
3,280,924	421,159	261,330	362,085	564,067	1,637,324	34,959	891,369	Feb.
3,996,764	515,476	302,129	496,101	638,310	2,008,864	35,885	1,218,888	Mar.
3,283,278	442,547	276,340	308,867	607,760	1,613,015	34,750	900,279	Apr.
3,171,215	435,719	237,650	306,037	560,569	1,599,902	31,339	869,554	May
3,531,877	457,721	264,367	386,844	643,358	1,747,132	32,456	956,542	Jun.
3,474,026	448,323	270,661	364,652	626,591	1,729,885	33,914	946,010	Jul.
3,359,583	443,452	238,305	361,822	584,180	1,698,377	33,446	906,249	Aug.
3,526,387	440,043	257,305	389,360	622,359	1,784,533	32,786	1,003,726	Sep.
3,491,365	452,627	263,708	357,394	645,850	1,735,562	36,224	932,852	Oct.
3,514,842	450,466	265,401	359,701	646,438	1,754,754	38,082	946,868	Nov.
3,649,780	481,117	262,000	377,787	647,219	1,844,169	37,488	1,081,734	Dec.
3,259,893	417,994	223,013	329,335	605,002	1,651,623	32,926	945,675	Jan.　2022
3,395,293	433,538	230,379	376,229	624,354	1,699,588	31,206	963,651	Feb.
4,207,460	520,144	285,061	501,294	748,442	2,115,321	37,197	1,312,223	Mar.
3,443,714	461,848	257,662	334,001	717,075	1,637,336	35,793	985,067	Apr.
3,383,521	458,543	241,639	335,335	647,487	1,666,137	34,380	956,562	May
3,695,519	496,808	266,223	388,800	722,877	1,785,746	35,064	1,058,625	Jun.
3,592,224	460,724	259,386	367,411	700,482	1,768,606	35,614	1,023,487	Jul.
3,462,844	458,785	243,395	360,729	674,087	1,691,984	33,865	987,321	Aug.
3,704,992	464,099	258,987	411,322	706,065	1,829,111	35,409	1,115,958	Sep.
3,638,797	471,130	265,110	377,211	716,228	1,770,560	38,559	1,014,145	Oct.
3,661,564	471,816	260,604	384,411	721,814	1,785,390	37,529	1,033,716	Nov.
3,768,055	488,317	265,971	419,124	714,581	1,842,917	37,145	1,133,683	Dec.
								Change over the year (%)
								Annual average
2.2	3.4	4.5	-0.2	1.1	2.6	2.5	-8.3	2014
4.6	7.1	3.2	17.6	5.8	0.4	13.4	22.4	2015
3.0	6.0	4.0	3.3	8.0	0.2	7.9	10.9	2016
6.0	8.8	1.7	9.7	2.3	6.4	2.1	-0.8	2017
2.9	4.1	-0.5	-0.6	4.4	3.6	2.0	11.7	2018
0.4	4.4	3.9	-2.4	1.9	-1.1	5.3	2.5	2019
-5.5	2.2	-7.5	-2.9	-7.2	-6.4	-21.2	-2.6	2020
2.3	6.3	-3.9	0.8	3.9	2.7	-24.0	3.5	2021
4.3	3.8	-2.2	4.5	13.2	2.3	0.9	8.9	2022
								Quarter average
4.1	2.0	-6.7	2.5	13.0	3.9	-8.3	8.8	Jan. - Mar.　2022
5.4	6.1	-1.6	5.6	15.2	2.6	6.8	10.0	Apr. - Jun.
3.9	3.9	-0.6	2.1	13.5	1.5	4.7	9.5	Jul. - Sep.
3.9	3.4	0.1	7.8	11.0	1.2	1.3	7.4	Oct. - Dec.
								Monthly
3.2	2.5	-2.3	3.3	10.6	2.2	-17.0	11.0	Jan.　2022
3.5	2.9	-11.8	3.9	10.7	3.8	-10.7	8.1	Feb.
5.3	0.9	-5.6	1.0	17.3	5.3	3.7	7.7	Mar.
4.9	4.4	-6.8	8.1	18.0	1.5	3.0	9.4	Apr.
6.7	5.2	1.7	9.6	15.5	4.1	9.7	10.0	May
4.6	8.5	0.7	0.5	12.4	2.2	8.0	10.7	Jun.
3.4	2.8	-4.2	0.8	11.8	2.2	5.0	8.2	Jul.
3.1	3.5	2.1	-0.3	15.4	-0.4	1.3	8.9	Aug.
5.1	5.5	0.7	5.6	13.4	2.5	8.0	11.2	Sep.
4.2	4.1	0.5	5.5	10.9	2.0	6.4	8.7	Oct.
4.2	4.7	-1.8	6.9	11.7	1.7	-1.5	9.2	Nov.
3.2	1.5	1.5	10.9	10.4	-0.1	-0.9	4.8	Dec.

* The actual figures for 2020 and earlier are the adjusted figures, which were calculated in accordance with the replacements of sample establishments until 2021.

4) Excluding "school education"

5) Excluding "public health centers"

6) Excluding "social insurance organizations" and "welfare offices"

7) Excluding "political, business and cultural organizations", "religion" and "foreign governments and international agencies in Japan"

年　　月	合計 Total	サービス産業計 Service industry	G 情報通信業 Information and communications	37 通信業 Communications	38 放送業 Broadcasting	39 情報サービス業 Information services	40 インターネット 附随サービス業 Internet based services	41 映像・音声・ 文字情報制作業 Video picture, sound information, character information production and distribution
実数（人）※								
年平均								
2013年	28,765,800	28,794,100	1,697,900	167,400	80,200	1,097,600	91,700	254,900
2014年	29,022,400	29,043,800	1,739,700	166,900	80,200	1,138,700	93,800	254,700
2015年	29,207,600	29,227,400	1,774,100	171,600	79,700	1,162,200	97,600	257,700
2016年	29,344,800	29,354,000	1,804,200	168,700	80,500	1,184,900	110,100	258,500
2017年	29,692,600	29,700,400	1,848,500	175,600	82,700	1,213,700	115,400	259,500
2018年	29,921,300	29,926,700	1,894,000	187,700	83,100	1,243,800	122,100	256,800
2019年	30,025,300	30,027,600	1,938,100	193,500	82,500	1,281,300	124,900	255,300
2020年	29,560,400	29,555,800	1,968,600	192,800	82,200	1,303,700	134,100	255,800
2021年	29,199,100	29,192,800	1,986,300	201,800	81,400	1,316,900	137,600	248,600
2022年	29,258,800	29,249,400	2,020,700	200,500	79,800	1,348,300	146,900	245,200
四半期平均								
2021年　1〜3月期	29,244,700	29,238,600	1,970,200	199,700	81,800	1,298,500	137,400	252,800
4〜6月期	29,223,400	29,217,100	1,997,600	204,200	81,700	1,325,600	137,200	248,900
7〜9月期	29,146,600	29,140,300	1,991,900	201,500	81,400	1,324,100	137,800	247,100
10〜12月期	29,181,900	29,175,300	1,985,700	201,700	80,700	1,319,600	137,900	245,800
2022年　1〜3月期	29,066,200	29,058,300	1,991,300	201,400	78,200	1,324,600	142,700	244,300
4〜6月期	29,248,700	29,239,500	2,032,500	202,600	79,500	1,355,400	147,900	247,000
7〜9月期	29,364,800	29,354,600	2,029,900	199,400	80,900	1,355,900	148,000	245,600
10〜12月期	29,355,600	29,345,300	2,029,000	198,400	80,500	1,357,100	148,900	244,000
月次								
2021年　1月	29,331,700	29,325,600	1,970,000	199,000	81,900	1,297,800	137,700	253,600
2月	29,200,400	29,194,300	1,971,200	200,000	81,900	1,299,200	137,000	253,000
3月	29,202,000	29,195,900	1,969,500	200,000	81,600	1,298,500	137,400	251,900
4月	29,272,700	29,266,400	1,996,000	203,200	81,900	1,324,700	136,500	249,700
5月	29,207,800	29,201,400	1,997,600	204,500	81,700	1,325,500	137,000	248,800
6月	29,189,800	29,183,500	1,999,200	204,900	81,600	1,326,400	138,200	248,000
7月	29,275,600	29,269,300	1,999,700	202,500	81,500	1,329,500	138,700	247,300
8月	29,133,100	29,126,800	1,990,800	201,300	81,400	1,324,200	137,500	246,400
9月	29,031,100	29,024,900	1,985,200	200,800	81,400	1,318,500	137,000	247,500
10月	29,095,300	29,089,000	1,985,200	201,900	80,800	1,318,000	138,000	246,600
11月	29,211,100	29,204,400	1,986,900	201,500	80,700	1,320,800	138,100	245,800
12月	29,239,300	29,232,500	1,984,800	201,700	80,600	1,319,900	137,600	245,000
2022年　1月	29,120,400	29,113,500	1,988,200	201,200	78,200	1,324,000	139,900	244,900
2月	28,998,600	28,990,300	1,990,600	201,600	78,100	1,325,400	140,900	244,600
3月	29,079,200	29,070,900	1,995,200	201,400	78,300	1,324,500	147,500	243,400
4月	29,215,000	29,206,200	2,031,200	202,600	78,700	1,354,500	147,600	247,700
5月	29,240,800	29,232,000	2,031,900	202,300	78,800	1,355,600	147,900	247,400
6月	29,290,300	29,280,100	2,034,500	203,000	81,100	1,356,300	148,100	245,900
7月	29,368,300	29,358,200	2,028,600	199,400	80,900	1,354,600	147,800	245,800
8月	29,383,200	29,372,800	2,031,500	199,600	80,900	1,357,500	148,100	245,300
9月	29,343,000	29,332,800	2,029,600	199,300	80,900	1,355,500	148,200	245,700
10月	29,343,700	29,333,400	2,030,200	198,500	80,500	1,357,500	148,600	245,100
11月	29,345,300	29,335,000	2,027,500	198,000	80,500	1,355,900	149,300	243,900
12月	29,377,800	29,367,500	2,029,200	198,800	80,600	1,357,900	148,700	243,100
前年（同期・同月）比（%）								
年平均								
2014年	0.9	0.9	2.5	−0.3	0.0	3.7	2.3	−0.1
2015年	0.6	0.6	2.0	2.8	−0.6	2.1	4.0	1.2
2016年	0.5	0.4	1.7	−1.7	1.0	2.0	12.8	0.3
2017年	1.2	1.2	2.5	4.1	2.8	2.4	4.9	0.4
2018年	0.8	0.8	2.5	6.9	0.4	2.5	5.8	−1.1
2019年	0.3	0.3	2.3	3.1	−0.7	3.0	2.3	−0.6
2020年	−1.5	−1.6	1.6	−0.4	−0.4	1.7	7.3	0.2
2021年	−1.2	−1.2	0.9	4.7	−1.0	1.0	2.6	−2.8
2022年	0.2	0.2	1.7	−0.6	−2.0	2.4	6.8	−1.4
四半期平均								
2022年　1〜3月期	−0.6	−0.6	1.1	0.9	−4.4	2.0	3.9	−3.4
4〜6月期	0.1	0.1	1.7	−0.8	−2.7	2.2	7.8	−0.8
7〜9月期	0.7	0.7	1.9	−1.0	−0.6	2.4	7.4	−0.6
10〜12月期	0.6	0.6	2.2	−1.6	−0.2	2.8	8.0	−0.7
月次								
2022年　1月	−0.7	−0.7	0.9	1.1	−4.5	2.0	1.6	−3.4
2月	−0.7	−0.7	1.0	0.8	−4.6	2.0	2.8	−3.3
3月	−0.4	−0.4	1.3	0.7	−4.0	2.0	7.4	−3.4
4月	−0.2	−0.2	1.8	−0.3	−3.9	2.2	8.1	−0.8
5月	0.1	0.1	1.7	−1.1	−3.5	2.3	8.0	−0.6
6月	0.3	0.3	1.8	−0.9	−0.6	2.3	7.2	−0.6
7月	0.3	0.3	1.4	−1.5	−0.7	1.9	6.6	−0.6
8月	0.9	0.8	2.0	−0.8	−0.6	2.5	7.7	−0.4
9月	1.1	1.1	2.2	−0.7	−0.6	2.8	8.2	−0.7
10月	0.9	0.8	2.3	−1.7	−0.4	3.0	7.7	−0.6
11月	0.5	0.4	2.0	−1.7	−0.2	2.7	8.1	−0.8
12月	0.5	0.5	2.2	−1.4	0.0	2.9	8.1	−0.8

※　2020年以前の実数は、2021年1月までの標本交替により生じた変動を調整した値である。

（中分類）別事業従事者数
by Industry (Medium Groups) of Establishment and Enterprise, etc.

合計、サービス産業計、産業（G～H）

（単位 人、％　　Unit person, %）

H 運輸業, 郵便業 Transport and postal activities	42 鉄道業 Railway transport	43 道路旅客運送業 Road passenger transport	44 道路貨物運送業 Road freight transport	45 水運業 Water transport	47 倉庫業 Warehousing	48 運輸に附帯するサービス業 Services incidental to transport	4* 航空運輸業, 郵便業（信書便事業を含む） Air transport, postal activities, including mail delivery	Year and month
								Actual figures (Person) *
								Annual average
3,321,700	285,700	583,000	1,749,000	56,000	197,500	390,300	55,500	2013
3,360,200	278,600	571,900	1,795,400	55,900	197,500	397,700	56,100	2014
3,393,200	272,600	560,900	1,825,500	56,200	195,300	427,400	54,900	2015
3,426,000	270,100	544,300	1,869,100	56,900	198,300	430,500	55,100	2016
3,461,800	269,500	529,100	1,894,600	56,900	209,000	446,200	54,100	2017
3,491,100	266,700	521,400	1,920,700	57,700	209,900	456,600	56,300	2018
3,455,000	266,700	518,900	1,889,100	59,000	209,100	455,900	58,000	2019
3,372,700	265,100	510,800	1,827,400	52,500	207,600	452,500	60,400	2020
3,349,100	257,800	471,800	1,837,100	54,600	211,100	457,300	59,400	2021
3,329,400	253,400	462,100	1,818,800	56,600	225,900	453,900	58,700	2022
								Quarter average
3,371,000	265,200	483,000	1,835,700	51,900	208,000	466,100	61,000	Jan. - Mar. 2021
3,335,100	255,900	476,200	1,822,200	55,000	209,100	457,300	59,300	Apr. - Jun.
3,320,900	253,700	464,000	1,824,700	55,800	212,000	451,900	58,800	Jul. - Sep.
3,369,200	256,400	464,100	1,865,700	55,700	215,100	453,800	58,500	Oct. - Dec.
3,332,900	258,800	464,400	1,822,500	55,300	221,700	451,800	58,300	Jan. - Mar. 2022
3,322,200	252,200	462,700	1,811,400	57,400	223,000	456,600	58,900	Apr. - Jun.
3,326,100	250,400	461,600	1,815,500	57,200	228,500	453,900	58,900	Jul. - Sep.
3,336,300	252,200	459,700	1,825,600	56,700	230,300	453,100	58,800	Oct. - Dec.
								Monthly
3,395,600	268,300	489,200	1,848,600	52,300	208,700	467,200	61,100	Jan. 2021
3,365,000	267,900	482,800	1,826,800	52,000	208,700	465,900	60,900	Feb.
3,352,200	259,400	476,900	1,831,700	51,500	206,600	465,300	60,900	Mar.
3,342,500	257,300	479,400	1,822,900	53,900	208,700	460,700	59,600	Apr.
3,333,100	255,800	477,400	1,823,300	55,300	208,100	454,000	59,200	May
3,329,700	254,500	471,900	1,820,400	55,800	210,600	457,300	59,200	Jun.
3,338,200	254,000	465,400	1,838,700	55,500	211,500	454,100	59,000	Jul.
3,312,500	253,700	463,900	1,820,400	55,900	209,300	450,400	58,700	Aug.
3,312,100	253,200	462,700	1,815,100	56,000	215,000	451,300	58,700	Sep.
3,336,700	252,900	463,600	1,838,600	56,100	215,100	451,700	58,700	Oct.
3,380,600	255,900	463,600	1,877,300	55,600	216,000	453,600	58,400	Nov.
3,390,400	260,300	465,000	1,881,100	55,500	214,300	456,000	58,400	Dec.
3,336,200	260,400	463,300	1,823,300	55,100	221,600	454,200	58,300	Jan. 2022
3,327,800	259,800	462,800	1,817,100	55,200	221,800	453,000	58,200	Feb.
3,334,600	256,200	467,200	1,827,000	55,800	221,600	448,300	58,500	Mar.
3,326,300	253,400	464,200	1,816,000	58,000	219,800	456,200	58,800	Apr.
3,314,100	251,900	461,900	1,805,000	57,200	222,800	456,500	58,900	May
3,326,200	251,200	462,200	1,813,200	57,100	226,500	457,100	59,000	Jun.
3,321,100	250,700	461,700	1,810,000	57,000	227,500	455,100	59,100	Jul.
3,316,700	250,500	461,000	1,808,700	56,900	227,100	453,800	58,800	Aug.
3,340,400	249,900	462,200	1,827,900	57,600	231,000	453,000	58,900	Sep.
3,338,200	249,400	462,700	1,826,200	57,400	230,900	452,700	58,800	Oct.
3,325,500	251,300	460,000	1,815,400	57,000	230,600	452,400	58,800	Nov.
3,345,200	255,700	456,500	1,835,300	55,600	229,300	454,000	58,700	Dec.
								Change over the year (%)
								Annual average
1.2	-2.5	-1.9	2.7	-0.2	0.0	1.9	1.1	2014
1.0	-2.1	-1.9	1.7	0.6	-1.1	7.5	-2.1	2015
1.0	-0.9	-3.0	2.4	1.3	1.5	0.7	0.3	2016
1.0	-0.2	-2.8	1.4	0.0	5.4	3.7	-1.9	2017
0.8	-1.1	-1.4	1.4	1.4	0.4	2.3	4.0	2018
-1.0	0.0	-0.5	-1.6	2.1	-0.4	-0.2	3.1	2019
-2.4	-0.6	-1.6	-3.3	-10.9	-0.7	-0.7	4.1	2020
-0.7	-2.8	-7.6	0.5	4.0	1.7	1.1	-1.7	2021
-0.6	-1.7	-2.1	-1.0	3.7	7.0	-0.7	-1.2	2022
								Quarter average
-1.1	-2.4	-3.9	-0.7	6.6	6.6	-3.1	-4.4	Jan. - Mar. 2022
-0.4	-1.4	-2.8	-0.6	4.4	6.6	-0.2	-0.7	Apr. - Jun.
0.2	-1.3	-0.5	-0.5	2.5	7.8	0.4	0.2	Jul. - Sep.
-1.0	-1.6	-0.9	-2.1	1.8	7.1	-0.2	0.5	Oct. - Dec.
								Monthly
-1.7	-2.9	-5.3	-1.4	5.4	6.2	-2.8	-4.6	Jan. 2022
-1.1	-3.0	-4.1	-0.5	6.2	6.3	-2.8	-4.4	Feb.
-0.5	-1.2	-2.0	-0.3	8.3	7.3	-3.7	-3.9	Mar.
-0.5	-1.5	-3.2	-0.4	7.6	5.3	-1.0	-1.3	Apr.
-0.6	-1.5	-3.2	-1.0	3.4	7.1	0.6	-0.5	May
-0.1	-1.3	-2.1	-0.4	2.3	7.5	0.0	-0.3	Jun.
-0.5	-1.3	-0.8	-1.6	2.7	7.6	0.2	0.2	Jul.
0.1	-1.3	-0.6	-0.6	1.8	8.5	0.8	0.2	Aug.
0.9	-1.3	-0.1	0.7	2.9	7.4	0.4	0.3	Sep.
0.0	-1.4	-0.2	-0.7	2.3	7.3	0.2	0.2	Oct.
-1.6	-1.8	-0.8	-3.3	2.5	6.8	-0.3	0.7	Nov.
-1.3	-1.8	-1.8	-2.4	0.2	7.0	-0.4	0.5	Dec.

* The actual figures for 2020 and earlier are the adjusted figures, which were calculated in accordance with the replacements of sample establishments until 2021.

第1－2表　事業所・企業等の産業
Table 1-2 Number of Persons Working at the Location of Establishment

年　　　　　月	K 不動産業, 物品賃貸業 Real estate and goods rental and leasing	68 不動産取引業 Real estate agencies	69 不動産賃貸業 ・管理業 Real estate lessors and managers	70 物品賃貸業 Goods rental and leasing	L 学術研究, 専門・技術 サービス業 1) Scientific research, professional and technical services 1)	72 専門サービス業 (他に分類され ないもの) 2) Professional services, n.e.c. 2)	73 広告業 Advertising	74 技術サービス業 (他に分類され ないもの) Technical services, n.e.c.
実数（人）※								
年平均								
2013年	1,510,900	322,700	919,200	272,100	1,626,800	657,200	124,900	844,700
2014年	1,528,800	326,700	923,800	280,000	1,645,600	664,800	132,800	847,100
2015年	1,534,800	324,500	925,200	286,000	1,668,700	669,500	137,000	860,500
2016年	1,541,200	320,500	927,000	293,700	1,704,900	693,900	139,000	871,500
2017年	1,544,600	321,500	930,100	293,400	1,742,400	699,500	143,100	899,600
2018年	1,547,300	320,100	934,000	293,600	1,747,800	705,700	145,700	896,000
2019年	1,578,200	328,400	943,900	305,300	1,752,700	696,000	143,100	913,600
2020年	1,578,800	330,400	943,300	304,600	1,763,700	701,800	144,800	917,100
2021年	1,586,500	334,000	947,100	305,400	1,756,200	702,100	138,700	915,400
2022年	1,586,600	336,800	939,400	310,500	1,772,000	709,400	136,000	926,600
四半期平均								
2021年　　1～ 3月期	1,577,600	330,000	949,600	298,000	1,754,100	701,900	145,800	906,500
4～ 6月期	1,592,500	335,300	951,900	305,300	1,760,300	703,500	137,600	919,200
7～ 9月期	1,591,700	335,300	946,900	309,600	1,756,800	702,200	136,300	918,300
10～12月期	1,584,200	335,400	939,900	308,900	1,753,600	700,800	135,000	917,800
2022年　　1～ 3月期	1,587,500	337,300	945,100	305,100	1,758,700	700,600	134,800	923,300
4～ 6月期	1,587,200	337,500	940,200	309,600	1,770,600	707,000	135,800	927,800
7～ 9月期	1,587,500	336,800	937,700	313,000	1,775,700	713,200	136,300	926,200
10～12月期	1,584,200	335,400	934,500	314,300	1,782,900	716,700	137,100	929,200
月次								
2021年　　1月	1,566,900	327,900	941,600	297,400	1,751,000	700,600	145,800	904,700
2月	1,584,000	330,000	954,300	299,700	1,752,200	702,600	146,300	903,400
3月	1,582,000	332,300	953,000	296,800	1,759,200	702,500	145,300	911,400
4月	1,588,700	335,600	950,400	302,600	1,761,400	705,800	137,700	918,000
5月	1,591,000	335,500	952,300	303,100	1,759,600	702,700	137,200	919,700
6月	1,597,700	334,800	952,800	310,100	1,759,900	702,100	138,000	919,800
7月	1,595,300	335,800	950,200	309,300	1,758,700	704,500	137,300	916,900
8月	1,590,400	335,100	945,800	309,500	1,755,900	700,500	136,600	918,900
9月	1,589,500	334,900	944,700	309,900	1,755,800	701,600	135,000	919,100
10月	1,582,600	334,400	939,200	308,900	1,752,300	699,300	134,600	918,300
11月	1,584,500	334,500	940,300	309,700	1,755,800	701,700	135,500	918,600
12月	1,585,700	337,300	940,300	308,000	1,752,800	701,300	135,000	916,500
2022年　　1月	1,586,900	336,700	946,100	304,100	1,759,900	701,400	134,400	924,100
2月	1,585,100	337,700	942,600	304,800	1,755,500	698,300	135,100	922,100
3月	1,590,600	337,600	946,500	306,500	1,760,800	702,100	134,900	923,800
4月	1,592,700	338,000	945,600	309,100	1,769,400	705,800	136,000	927,700
5月	1,584,300	337,400	937,500	309,400	1,770,400	706,500	135,700	928,200
6月	1,584,700	337,000	937,500	310,200	1,772,100	708,800	135,800	927,500
7月	1,586,700	336,800	937,900	312,100	1,773,800	712,300	135,800	925,700
8月	1,589,000	337,100	938,600	313,400	1,775,400	713,500	136,000	925,900
9月	1,586,700	336,600	936,600	313,500	1,777,800	713,900	136,900	927,000
10月	1,585,300	336,500	934,400	314,400	1,782,900	716,800	136,800	929,300
11月	1,586,500	337,400	934,700	314,400	1,783,200	716,300	137,200	929,700
12月	1,580,700	332,300	934,300	314,100	1,782,600	717,000	137,200	928,400
前年（同期・同月）比（％）								
年平均								
2014年	1.2	1.2	0.5	2.9	1.2	1.2	6.3	0.3
2015年	0.4	−0.7	0.2	2.1	1.4	0.7	3.1	1.6
2016年	0.4	−1.2	0.2	2.7	2.2	3.6	1.5	1.3
2017年	0.2	0.3	0.3	−0.1	2.2	0.8	2.9	3.2
2018年	0.2	−0.4	0.4	0.1	0.3	0.9	1.8	−0.4
2019年	2.0	2.6	1.1	4.0	0.3	−1.4	−1.8	2.0
2020年	0.0	0.6	−0.1	−0.2	0.6	0.8	1.2	0.4
2021年	0.5	1.1	0.4	0.3	−0.4	0.0	−4.2	−0.2
2022年	0.0	0.8	−0.8	1.7	0.9	1.0	−1.9	1.2
四半期平均								
2022年　　1～ 3月期	0.6	2.2	−0.5	2.4	0.3	−0.2	−7.5	1.9
4～ 6月期	−0.3	0.7	−1.2	1.4	0.6	0.5	−1.3	0.9
7～ 9月期	−0.3	0.4	−1.0	1.1	1.1	1.6	0.0	0.9
10～12月期	0.0	0.0	−0.6	1.7	1.7	2.3	1.6	1.2
月次								
2022年　　1月	1.3	2.7	0.5	2.3	0.5	0.1	−7.8	2.1
2月	0.1	2.3	−1.2	1.7	0.2	−0.6	−7.7	2.1
3月	0.5	1.6	−0.7	3.3	0.1	−0.1	−7.2	1.4
4月	0.3	0.7	−0.5	2.1	0.5	0.0	−1.2	1.1
5月	−0.4	0.6	−1.6	2.1	0.6	0.5	−1.1	0.9
6月	−0.8	0.7	−1.6	0.0	0.7	1.0	−1.6	0.8
7月	−0.5	0.3	−1.3	0.9	0.9	1.1	−1.1	1.0
8月	−0.1	0.6	−0.8	1.3	1.1	1.9	−0.4	0.8
9月	−0.2	0.5	−0.9	1.2	1.3	1.8	1.4	0.9
10月	0.2	0.6	−0.5	1.8	1.7	2.5	1.6	1.2
11月	0.1	0.9	−0.6	1.5	1.6	2.1	1.3	1.2
12月	−0.3	−1.5	−0.6	2.0	1.7	2.2	1.6	1.3

※　2020年以前の実数は、2021年1月までの標本交替により生じた変動を調整した値である。

1)「学術・開発研究機関」を除く。
2)「純粋持株会社」を除く。
3)「家事サービス業」を除く。

（中分類）別事業従事者数（続き）
by Industry (Medium Groups) of Establishment and Enterprise, etc. - Continued

産業（K～N）

（単位　人、％　　Unit person, %）

M 宿泊業, 飲食サービス業 Accommodations, eating and drinking services	75 宿泊業 Accommodations	76 飲食店 Eating and drinking places	77 持ち帰り・配達飲食サービス業 Food take out and delivery services	N 生活関連サービス業, 娯楽業 Living-related and personal services and amusement services	78 洗濯・理容・美容・浴場業 Laundry, beauty and bath services	79 その他の生活関連サービス業 3) Miscellaneous living-related and personal services 3)	80 娯楽業 Services for amusement and hobbies	Year and month
								Actual figures (Person) *
								Annual average
5,500,600	667,900	4,236,500	597,800	2,675,000	1,232,800	449,400	993,200	2013
5,505,600	682,200	4,224,100	598,900	2,664,600	1,220,000	458,800	986,100	2014
5,550,000	707,800	4,239,200	600,300	2,617,800	1,192,200	448,000	978,200	2015
5,487,600	709,300	4,183,600	590,700	2,558,500	1,173,200	437,500	948,300	2016
5,545,200	717,900	4,231,700	590,100	2,539,100	1,143,100	436,800	959,700	2017
5,527,800	716,700	4,219,400	586,000	2,527,600	1,131,300	435,700	961,400	2018
5,470,300	724,700	4,167,900	571,500	2,511,400	1,130,400	435,900	945,900	2019
5,154,600	666,500	3,903,900	583,900	2,450,200	1,132,600	416,300	901,500	2020
4,911,500	642,600	3,677,500	591,400	2,374,600	1,109,400	386,800	878,400	2021
4,958,200	666,300	3,714,600	577,200	2,357,000	1,111,300	373,700	872,000	2022
								Quarter average
4,969,500	636,100	3,749,900	583,400	2,373,600	1,107,900	396,600	869,100	Jan. - Mar. 2021
4,863,200	639,400	3,636,400	587,400	2,393,700	1,116,800	391,300	885,600	Apr. - Jun.
4,865,500	649,500	3,623,300	592,700	2,378,700	1,112,600	381,600	884,500	Jul. - Sep.
4,948,000	645,300	3,700,500	602,100	2,352,600	1,100,300	377,900	874,400	Oct. - Dec.
4,871,800	647,700	3,645,400	578,700	2,337,100	1,108,900	371,700	856,500	Jan. - Mar. 2022
4,923,400	657,100	3,690,500	575,800	2,366,200	1,116,700	373,500	876,000	Apr. - Jun.
5,009,200	680,600	3,752,000	576,600	2,370,500	1,113,600	373,000	883,800	Jul. - Sep.
5,028,400	679,900	3,770,700	577,800	2,354,100	1,105,900	376,500	871,700	Oct. - Dec.
								Monthly
5,017,900	645,200	3,791,100	581,600	2,376,100	1,107,900	397,200	871,000	Jan. 2021
4,949,800	630,500	3,734,300	585,000	2,364,500	1,106,400	393,800	864,300	Feb.
4,940,700	632,700	3,724,300	583,700	2,380,300	1,109,400	398,700	872,200	Mar.
4,896,400	640,300	3,669,800	586,400	2,396,100	1,118,300	393,200	884,600	Apr.
4,846,000	638,600	3,619,700	587,800	2,397,500	1,118,300	392,200	887,000	May
4,847,200	639,400	3,619,600	588,200	2,387,400	1,113,600	388,500	885,300	Jun.
4,915,000	650,100	3,671,100	593,700	2,390,800	1,114,800	386,800	889,300	Jul.
4,865,500	652,400	3,620,600	592,500	2,378,300	1,112,600	380,400	885,300	Aug.
4,816,000	645,900	3,578,300	591,900	2,367,000	1,110,500	377,600	878,900	Sep.
4,903,400	641,700	3,660,200	601,500	2,356,500	1,100,000	378,100	878,400	Oct.
4,948,600	644,100	3,701,400	603,100	2,355,700	1,099,900	378,400	877,300	Nov.
4,992,000	650,200	3,740,000	601,800	2,345,500	1,100,800	377,200	867,500	Dec.
4,912,400	650,500	3,675,900	586,000	2,335,900	1,108,800	372,400	854,700	Jan. 2022
4,839,500	647,500	3,615,700	576,300	2,324,300	1,103,800	369,300	851,100	Feb.
4,863,500	645,200	3,644,500	573,800	2,351,200	1,114,100	373,400	863,600	Mar.
4,894,500	652,700	3,665,700	576,100	2,365,800	1,119,100	374,900	871,800	Apr.
4,924,000	656,800	3,690,500	576,800	2,372,500	1,117,200	373,300	882,000	May
4,951,700	661,900	3,715,200	574,600	2,360,300	1,113,800	372,100	874,400	Jun.
5,006,400	678,800	3,750,000	577,700	2,371,500	1,113,100	374,000	884,400	Jul.
5,017,500	687,700	3,754,200	575,600	2,377,600	1,116,300	372,200	889,200	Aug.
5,003,600	675,500	3,751,700	576,500	2,362,300	1,111,500	372,900	877,900	Sep.
5,006,100	671,400	3,756,400	578,200	2,362,500	1,107,500	377,700	877,300	Oct.
5,014,200	676,700	3,760,800	576,600	2,355,600	1,104,500	376,600	874,500	Nov.
5,065,100	691,400	3,795,000	578,700	2,344,300	1,105,700	375,400	863,200	Dec.
								Change over the year (%)
								Annual average
0.1	2.1	-0.3	0.2	-0.4	-1.0	2.1	-0.7	2014
0.8	3.8	0.4	0.2	-1.8	-2.3	-2.3	-0.8	2015
-1.1	0.2	-1.3	-1.6	-2.3	-1.6	-2.3	-3.1	2016
1.0	1.2	1.1	-0.1	-0.8	-2.6	-0.2	1.2	2017
-0.3	-0.2	-0.3	-0.7	-0.5	-1.0	-0.3	0.2	2018
-1.0	1.1	-1.2	-2.5	-0.6	-0.1	0.0	-1.6	2019
-5.8	-8.0	-6.3	2.2	-2.4	0.2	-4.5	-4.7	2020
-4.7	-3.6	-5.8	1.3	-3.1	-2.0	-7.1	-2.6	2021
1.0	3.7	1.0	-2.4	-0.7	0.2	-3.4	-0.7	2022
								Quarter average
-2.0	1.8	-2.8	-0.8	-1.5	0.1	-6.3	-1.4	Jan. - Mar. 2022
1.2	2.8	1.5	-2.0	-1.1	0.0	-4.5	-1.1	Apr. - Jun.
3.0	4.8	3.6	-2.7	-0.3	0.1	-2.3	-0.1	Jul. - Sep.
1.6	5.4	1.9	-4.0	0.1	0.5	-0.4	-0.3	Oct. - Dec.
								Monthly
-2.1	0.8	-3.0	0.8	-1.7	0.1	-6.2	-1.9	Jan. 2022
-2.2	2.7	-3.2	-1.5	-1.7	-0.2	-6.2	-1.5	Feb.
-1.6	2.0	-2.1	-1.7	-1.2	0.4	-6.3	-1.0	Mar.
0.0	1.9	-0.1	-1.8	-1.3	0.1	-4.7	-1.4	Apr.
1.6	2.8	2.0	-1.9	-1.0	-0.1	-4.8	-0.6	May
2.2	3.5	2.6	-2.3	-1.1	0.0	-4.2	-1.2	Jun.
1.9	4.4	2.1	-2.7	-0.8	-0.2	-3.3	-0.6	Jul.
3.1	5.4	3.7	-2.9	0.0	0.3	-2.2	0.4	Aug.
3.9	4.6	4.8	-2.6	-0.2	0.1	-1.2	-0.1	Sep.
2.1	4.6	2.6	-3.9	0.3	0.7	-0.1	-0.1	Oct.
1.3	5.1	1.6	-4.4	0.0	0.4	-0.5	-0.3	Nov.
1.5	6.3	1.5	-3.8	-0.1	0.4	-0.5	-0.5	Dec.

* The actual figures for 2020 and earlier are the adjusted figures, which were calculated in accordance with the replacements of sample establishments until 2021.

1) Excluding "scientific and development research institutes"
2) Excluding "pure holding companies"
3) Excluding "domestic services"

年　　　　月	O 教育，学習支援業 4) Education, learning support 4)	82 その他の教育，学習支援業 Miscellaneous education, learning support	82a うち社会教育，職業・教育支援施設 of which social education and vocational and educational support facilities	82b うち学習塾，教養・技能教授業 of which supplementary tutorial schools and instruction service for arts, culture and technicals	P 医療，福祉 Medical, health care and welfare	83 医療業 Medical and other health services	84 保健衛生 5) Public health and hygiene 5)	85 社会保険・社会福祉・介護事業 6) Social insurance and social welfare 6)
実数（人）※								
年平均								
2013年	882,700	882,700	205,700	605,900	7,766,400	4,003,900	99,200	3,659,900
2014年	895,300	895,300	209,900	612,900	7,896,600	4,061,700	105,000	3,726,600
2015年	900,000	900,000	219,400	615,400	7,995,100	4,117,000	106,500	3,766,800
2016年	907,800	907,800	223,200	622,300	8,108,500	4,169,800	108,600	3,826,700
2017年	917,700	917,700	223,800	626,900	8,255,700	4,219,600	112,200	3,923,300
2018年	943,300	943,300	226,800	649,500	8,389,100	4,259,300	117,100	4,012,200
2019年	993,000	993,000	234,500	679,300	8,470,600	4,279,200	115,700	4,075,400
2020年	997,800	997,800	237,400	677,500	8,489,600	4,289,100	113,400	4,087,000
2021年	996,100	996,100	237,700	680,500	8,494,900	4,305,400	123,100	4,066,300
2022年	995,000	995,000	239,000	678,900	8,491,300	4,323,000	125,300	4,043,100
四半期平均								
2021年　　1～3月期	999,700	999,700	234,000	683,500	8,464,600	4,273,700	116,600	4,074,200
4～6月期	997,500	997,500	240,300	679,500	8,527,200	4,324,000	124,600	4,078,600
7～9月期	995,800	995,800	239,700	680,600	8,519,400	4,320,200	126,600	4,072,600
10～12月期	991,400	991,400	237,000	678,600	8,468,300	4,303,900	124,500	4,039,900
2022年　　1～3月期	992,300	992,300	234,700	680,300	8,458,700	4,296,400	122,400	4,039,900
4～6月期	995,100	995,100	239,000	679,200	8,503,000	4,341,600	127,000	4,034,300
7～9月期	998,100	998,100	241,600	679,800	8,509,000	4,331,100	126,200	4,051,700
10～12月期	994,600	994,600	240,600	676,400	8,494,500	4,322,800	125,400	4,046,300
月次								
2021年　　1月	996,400	996,400	232,700	680,700	8,477,800	4,272,900	114,800	4,090,100
2月	1,002,200	1,002,200	234,900	684,200	8,458,400	4,270,700	116,800	4,070,900
3月	1,000,500	1,000,500	234,300	685,600	8,457,500	4,277,600	118,300	4,061,700
4月	998,400	998,400	240,400	678,200	8,524,600	4,328,000	122,600	4,074,000
5月	995,600	995,600	240,100	678,900	8,530,800	4,324,400	123,700	4,082,700
6月	998,400	998,400	240,400	681,400	8,526,100	4,319,600	127,500	4,079,000
7月	1,000,700	1,000,700	240,500	684,100	8,542,400	4,329,300	127,300	4,086,100
8月	995,200	995,200	240,300	679,500	8,521,200	4,320,000	126,900	4,074,400
9月	991,600	991,600	238,200	678,100	8,494,500	4,311,300	125,700	4,057,500
10月	990,900	990,900	237,700	678,100	8,461,100	4,300,800	124,900	4,035,400
11月	988,800	988,800	236,500	676,100	8,475,500	4,304,200	125,900	4,045,300
12月	994,700	994,700	236,600	681,400	8,468,400	4,306,600	122,700	4,039,100
2022年　　1月	995,500	995,500	234,800	684,200	8,467,800	4,301,100	121,200	4,045,400
2月	984,800	984,800	234,000	673,100	8,456,400	4,295,400	122,600	4,038,400
3月	996,600	996,600	235,400	683,400	8,451,900	4,292,500	123,500	4,035,900
4月	996,900	996,900	238,200	681,500	8,489,600	4,337,000	126,400	4,026,100
5月	995,000	995,000	239,800	678,400	8,504,500	4,342,600	127,000	4,034,900
6月	993,500	993,500	239,000	677,700	8,514,800	4,345,100	127,700	4,042,000
7月	995,500	995,500	239,600	678,800	8,524,800	4,343,400	126,700	4,054,700
8月	1,000,300	1,000,300	243,600	680,100	8,510,900	4,326,200	126,100	4,058,600
9月	998,600	998,600	241,500	680,400	8,491,100	4,323,600	125,800	4,041,700
10月	994,300	994,300	241,200	675,800	8,491,100	4,326,600	126,300	4,038,200
11月	993,500	993,500	240,600	675,400	8,497,000	4,322,200	126,400	4,048,400
12月	995,900	995,900	240,100	678,100	8,495,200	4,319,600	123,400	4,052,300
前年（同期・同月）比（％）								
年平均								
2014年	1.4	1.4	2.0	1.2	1.7	1.4	5.9	1.8
2015年	0.5	0.5	4.6	0.4	1.2	1.4	1.5	1.1
2016年	0.9	0.9	1.7	1.1	1.4	1.3	1.9	1.6
2017年	1.1	1.1	0.3	0.7	1.8	1.2	3.4	2.5
2018年	2.8	2.8	1.3	3.6	1.6	0.9	4.3	2.3
2019年	5.3	5.3	3.4	4.6	1.0	0.5	-1.2	1.6
2020年	0.5	0.5	1.3	-0.3	0.2	0.2	-2.0	0.3
2021年	-0.2	-0.2	0.1	0.4	0.1	0.4	8.6	-0.5
2022年	-0.1	-0.1	0.5	-0.2	0.0	0.4	1.8	-0.6
四半期平均								
2022年　　1～3月期	-0.7	-0.7	0.3	-0.5	-0.1	0.5	5.0	-0.8
4～6月期	-0.2	-0.2	-0.5	0.0	-0.3	0.4	1.9	-1.1
7～9月期	0.2	0.2	0.8	-0.1	-0.1	0.3	-0.3	-0.5
10～12月期	0.3	0.3	1.5	-0.3	0.3	0.4	0.7	0.2
月次								
2022年　　1月	-0.1	-0.1	0.9	0.5	-0.1	0.7	5.6	-1.1
2月	-1.7	-1.7	-0.4	-1.6	0.0	0.6	5.0	-0.8
3月	-0.4	-0.4	0.5	-0.3	-0.1	0.3	4.4	-0.6
4月	-0.2	-0.2	-0.9	0.5	-0.4	0.2	3.1	-1.2
5月	-0.1	-0.1	-0.1	-0.1	-0.3	0.4	2.7	-1.2
6月	-0.5	-0.5	-0.5	-0.5	-0.1	0.6	0.2	-0.9
7月	-0.5	-0.5	-0.4	-0.8	-0.2	0.3	-0.5	-0.8
8月	0.5	0.5	1.4	0.1	-0.1	0.1	-0.6	-0.4
9月	0.7	0.7	1.4	0.3	0.0	0.3	0.1	-0.4
10月	0.3	0.3	1.5	-0.3	0.4	0.6	1.1	0.1
11月	0.5	0.5	1.7	-0.1	0.3	0.4	0.4	0.1
12月	0.1	0.1	1.5	-0.5	0.3	0.3	0.6	0.3

※　2020年以前の実数は、2021年1月までの標本交替により生じた変動を調整した値である。

4)　「学校教育」を除く。
5)　「保健所」を除く。
6)　「社会保険事業団体」及び「福祉事務所」を除く。
7)　「政治・経済・文化団体」、「宗教」及び「外国公務」を除く。

（中分類）別事業従事者数（続き）
by Industry (Medium Groups) of Establishment and Enterprise, etc. - Continued

産業（O～R）、サービス産業以外

（単位 人、％　　Unit person, %）

R サービス業 (他に分類されないもの) 7) Services, n.e.c. 7)	88 廃棄物処理業 Waste disposal business	89 自動車整備業 Automobile maintenance services	90 機械等修理業 (別掲を除く) Machine, etc. repair services, except otherwise classified	91 職業紹介・労働者派遣業 Employment and worker dispatching services	92 その他の事業サービス業 Miscellaneous business services	95 その他のサービス業 Miscellaneous services	サービス産業 以外 Others	Year and month
								Actual figures (Person) *
								Annual average
3,795,200	334,100	262,800	239,500	540,600	2,379,600	54,100	700	2013
3,792,900	338,300	266,900	231,000	522,900	2,387,900	54,900	800	2014
3,784,600	339,000	259,500	230,800	505,900	2,397,900	55,600	800	2015
3,814,200	338,900	257,600	229,900	514,700	2,422,700	57,100	1,000	2016
3,836,800	342,600	254,700	240,000	528,400	2,422,000	59,100	1,200	2017
3,849,600	343,200	253,100	235,100	526,300	2,442,200	58,900	2,100	2018
3,855,300	337,800	254,800	238,400	520,000	2,452,600	59,400	3,200	2019
3,782,900	337,400	252,800	240,700	479,100	2,415,200	59,900	5,600	2020
3,737,500	337,100	252,800	242,400	421,800	2,424,400	59,000	6,300	2021
3,739,300	339,900	249,300	247,300	416,200	2,429,400	57,100	9,400	2022
								Quarter average
3,758,200	337,200	253,000	240,800	446,100	2,421,600	59,600	6,100	Jan. - Mar.　2021
3,750,200	337,100	253,400	243,500	414,700	2,442,500	58,900	6,300	Apr. - Jun.
3,719,500	336,700	253,300	243,500	406,800	2,420,500	58,800	6,300	Jul. - Sep.
3,722,200	337,500	251,500	242,000	419,700	2,412,900	58,500	6,600	Oct. - Dec.
3,727,900	339,100	249,500	244,400	419,500	2,418,100	57,300	7,800	Jan. - Mar.　2022
3,739,200	341,800	249,700	248,800	412,800	2,429,200	56,800	9,300	Apr. - Jun.
3,748,800	339,700	248,900	248,800	415,700	2,438,700	57,000	10,200	Jul. - Sep.
3,741,300	339,000	249,200	247,200	416,900	2,431,700	57,300	10,300	Oct. - Dec.
								Monthly
3,773,800	338,000	252,800	240,800	464,300	2,418,400	59,500	6,100	Jan.　2021
3,747,000	337,200	252,700	239,300	440,600	2,416,400	60,800	6,100	Feb.
3,753,800	336,300	253,400	242,200	433,300	2,430,200	58,400	6,100	Mar.
3,762,300	336,700	253,000	243,100	415,900	2,454,900	58,700	6,300	Apr.
3,750,200	337,200	253,800	243,700	415,600	2,441,000	58,900	6,300	May
3,738,000	337,500	253,500	243,700	412,800	2,431,400	59,000	6,300	Jun.
3,728,400	336,700	253,600	242,900	406,200	2,429,700	59,300	6,300	Jul.
3,716,800	337,100	252,900	243,600	407,300	2,417,300	58,700	6,300	Aug.
3,713,200	336,100	253,300	244,000	406,800	2,414,400	58,600	6,300	Sep.
3,720,400	337,300	251,300	242,200	422,400	2,408,900	58,600	6,200	Oct.
3,728,000	337,700	250,800	242,000	421,300	2,417,600	58,700	6,700	Nov.
3,718,300	337,700	252,700	241,900	415,500	2,412,100	58,300	6,800	Dec.
3,730,800	338,100	250,500	244,100	424,600	2,416,100	57,300	6,800	Jan.　2022
3,726,200	337,700	248,000	243,900	416,500	2,422,700	57,400	8,300	Feb.
3,726,600	341,600	249,900	245,200	417,200	2,415,400	57,300	8,200	Mar.
3,739,800	342,100	250,000	249,600	415,400	2,426,100	56,600	8,800	Apr.
3,735,300	342,700	249,100	248,600	413,100	2,424,800	56,900	8,800	May
3,742,400	340,600	250,000	248,300	409,900	2,436,600	57,000	10,100	Jun.
3,749,700	341,400	249,700	248,600	413,700	2,439,600	56,900	10,100	Jul.
3,753,900	338,700	248,700	248,900	417,200	2,443,500	56,900	10,300	Aug.
3,742,600	338,900	248,200	249,000	416,300	2,433,100	57,100	10,200	Sep.
3,742,600	339,500	249,200	248,100	417,600	2,431,000	57,200	10,300	Oct.
3,752,000	339,300	249,500	249,100	420,200	2,436,600	57,300	10,300	Nov.
3,729,300	338,200	248,900	244,400	412,900	2,427,500	57,400	10,300	Dec.
								Change over the year (%)
								Annual average
-0.1	1.3	1.6	-3.5	-3.3	0.4	1.6	21.9	2014
-0.2	0.2	-2.8	-0.1	-3.3	0.4	1.1	3.3	2015
0.8	0.0	-0.7	-0.4	1.7	1.0	2.8	20.8	2016
0.6	1.1	-1.1	4.4	2.7	0.0	3.5	18.5	2017
0.3	0.2	-0.7	-2.0	-0.4	0.8	-0.4	75.0	2018
0.1	-1.6	0.7	1.4	-1.2	0.4	0.9	50.0	2019
-1.9	-0.1	-0.8	0.9	-7.9	-1.5	0.7	76.7	2020
-1.2	-0.1	0.0	0.7	-12.0	0.4	-1.5	12.5	2021
0.0	0.8	-1.4	2.0	-1.3	0.2	-3.2	49.2	2022
								Quarter average
-0.8	0.6	-1.4	1.5	-6.0	-0.1	-3.9	27.9	Jan. - Mar.　2022
-0.3	1.4	-1.5	2.2	-0.5	-0.5	-3.6	47.6	Apr. - Jun.
0.8	0.9	-1.7	2.2	2.2	0.8	-3.1	61.9	Jul. - Sep.
0.5	0.4	-0.9	2.1	-0.7	0.8	-2.1	56.1	Oct. - Dec.
								Monthly
-1.1	0.0	-0.9	1.4	-8.6	-0.1	-3.7	11.5	Jan.　2022
-0.6	0.1	-1.9	1.9	-5.5	0.3	-5.6	36.1	Feb.
-0.7	1.6	-1.4	1.2	-3.7	-0.6	-1.9	34.4	Mar.
-0.6	1.6	-1.2	2.7	-0.1	-1.2	-3.6	39.7	Apr.
-0.4	1.6	-1.9	2.0	-0.6	-0.7	-3.4	39.7	May
0.1	0.9	-1.4	1.9	-0.7	0.2	-3.4	60.3	Jun.
0.6	1.4	-1.5	2.3	1.8	0.4	-4.0	60.3	Jul.
1.0	0.5	-1.7	2.2	2.4	1.1	-3.1	63.5	Aug.
0.8	0.8	-2.0	2.0	2.3	0.8	-2.6	61.9	Sep.
0.6	0.7	-0.7	2.4	-1.1	0.9	-2.4	66.1	Oct.
0.6	0.5	-0.5	2.9	-0.3	0.8	-2.4	53.7	Nov.
0.3	0.1	-1.5	1.0	-0.6	0.6	-1.5	51.5	Dec.

* The actual figures for 2020 and earlier are the adjusted figures, which were calculated in accordance with the replacements of sample establishments until 2021.

4) Excluding "school education"
5) Excluding "public health centers"
6) Excluding "social insurance organizations" and "welfare offices"
7) Excluding "political, business and cultural organizations", "religion" and "foreign governments and international agencies in Japan"

第2表　事業所・企業等の産業（中分類）別売上高・事業所・企業等の産業（中分類）、従業上の地位別事業従事者数

Table 2 Sales by Industry (Medium Groups) of Establishment and Enterprise, etc. and the Number of Persons Working at the Location of Establishment by Industry (Medium Groups) of Establishment and Enterprise, etc. and Status in Employment

2022年平均　Annual Average (2022)　　　　　　　　　　　　　　　　（単位　百万円、人　　Unit 1 million yen, person）

事業所・企業等の産業(中分類) Industry of Establishment and Enterprise, etc. (Medium Groups)	売上高 （百万円） Sales (1 million yen)	事業従事者数（人）総数 Total	うち常用雇用者 of which regular employees	正社員・正職員 full-time employees	正社員・正職員以外 other than full-time employees	うち臨時雇用者 of which non-regular workers	うち別経営の事業所・企業等からの出向・派遣 of which dispatched or subcontracted employees from separately operated establishments
合　　　　　　　　　　計	32,979,281	29,258,800	24,806,900	14,136,800	10,670,100	577,500	890,200
サ　ー　ビ　ス　産　業　計	32,934,094	29,249,400	24,798,000	14,130,200	10,667,800	577,500	889,900
G　情　報　通　信　業	5,344,675	2,020,700	1,715,400	1,501,800	213,600	12,700	207,600
37　通　　　信　　　業	1,622,841	200,500	161,700	133,200	28,500	400	35,800
38　放　　　送　　　業	356,661	79,800	60,100	49,900	10,200	500	16,300
39　情　報　サ　ー　ビ　ス　業	2,503,956	1,348,300	1,165,200	1,039,100	126,000	6,400	131,200
40　インターネット附随サービス業	324,607	146,900	123,800	106,900	16,800	2,000	12,400
41　映像・音声・文字情報制作業	536,611	245,200	204,700	172,600	32,100	3,400	11,900
H　運　輸　業，　郵　便　業	5,475,865	3,329,400	2,966,700	2,283,000	683,800	66,200	156,600
42　鉄　　　道　　　業	590,812	253,400	245,000	222,700	22,300	1,600	5,400
43　道　路　旅　客　運　送　業	228,086	462,100	425,100	333,400	91,700	1,500	4,600
44　道　路　貨　物　運　送　業	2,212,782	1,818,800	1,626,300	1,262,500	363,700	33,100	78,400
45　水　　　運　　　業	588,856	56,600	47,700	43,500	4,200	600	2,300
47　倉　　　庫　　　業	397,457	225,900	189,200	102,300	86,900	5,100	24,600
48　運輸に附帯するサービス業	1,188,582	453,900	378,300	269,200	109,100	24,300	38,300
4*　航空運輸業，郵便業（信書便事業を含む）	269,290	58,700	55,100	49,400	5,800	100	3,100
K　不動産業，物品賃貸業	4,435,711	1,586,600	1,029,400	686,400	343,000	12,500	49,300
68　不　動　産　取　引　業	1,148,619	336,800	238,100	184,800	53,400	3,000	13,400
69　不動産賃貸業・管理業	2,016,707	939,400	519,100	303,700	215,400	5,300	25,800
70　物　品　賃　貸　業	1,270,385	310,500	272,200	198,000	74,200	4,200	10,200
L　学術研究,専門・技術サービス業 1)	2,969,430	1,772,000	1,405,000	1,118,100	286,900	13,800	71,300
72　専門サービス業（他に分類されないもの）2)	911,879	709,400	541,200	402,800	138,400	4,600	14,800
73　広　　　告　　　業	783,109	136,000	112,600	92,200	20,400	2,000	8,600
74　技術サービス業（他に分類されないもの）	1,274,442	926,600	751,300	623,200	128,100	7,200	47,900
M　宿泊業，飲食サービス業	2,111,440	4,958,200	4,083,600	945,500	3,138,100	148,500	41,200
75　宿　　　泊　　　業	505,832	666,300	548,300	229,500	318,800	35,900	24,400
76　飲　　　食　　　店	1,371,366	3,714,600	2,993,700	572,800	2,420,900	104,800	12,400
77　持ち帰り・配達飲食サービス業	234,243	577,200	541,500	143,200	398,300	7,900	4,500
N　生活関連サービス業，娯楽業	3,703,610	2,357,000	1,793,100	780,100	1,013,000	58,600	41,000
78　洗濯・理容・美容・浴場業	452,100	1,111,300	721,500	358,400	363,100	10,500	12,900
79　その他の生活関連サービス業 3)	513,171	373,700	301,000	153,400	147,600	11,700	8,200
80　娯　　　楽　　　業	2,738,340	872,000	770,600	268,400	502,300	36,400	19,900
O　教育，学習支援業 4)	286,742	995,000	811,000	288,700	522,300	37,300	16,800
82　その他の教育，学習支援業	286,742	995,000	811,000	288,700	522,300	37,300	16,800
82a　うち社会教育，職業・教育支援施設	50,513	239,000	227,000	117,000	110,000	2,100	5,500
82b　うち学習塾，教養・技能教授業	186,836	678,900	517,900	126,500	391,400	33,100	8,500
P　医　療，　福　祉	4,970,974	8,491,300	7,805,900	4,775,300	3,030,600	98,700	124,800
83　医　　　療　　　業	3,529,114	4,323,000	3,817,900	2,669,100	1,148,800	51,200	70,800
84　保　健　衛　生 5)	53,095	125,300	112,900	64,000	49,000	8,600	2,000
85　社会保険・社会福祉・介護事業 6)	1,388,765	4,043,100	3,875,100	2,042,200	1,832,900	39,000	51,900
R　サービス業（他に分類されないもの）7)	3,635,646	3,739,300	3,187,800	1,751,200	1,436,600	129,100	181,400
88　廃　棄　物　処　理　業	469,529	339,900	289,100	229,800	59,300	3,000	12,200
89　自　動　車　整　備　業	252,113	249,300	164,100	133,200	30,900	2,700	5,600
90　機械等修理業（別掲を除く）	426,010	247,300	198,800	169,300	29,500	3,900	13,700
91　職業紹介・労働者派遣業	717,872	416,200	343,400	212,700	130,700	23,900	33,000
92　その他の事業サービス業	1,735,084	2,429,400	2,138,400	978,700	1,159,700	95,300	115,700
95　その他のサービス業	35,039	57,100	54,000	27,500	26,400	300	1,100
そ　　　の　　　他	45,188	9,400	8,900	6,600	2,300	0	300

1)「学術・開発研究機関」を除く。
2)「純粋持株会社」を除く。
3)「家事サービス業」を除く。
4)「学校教育」を除く。
5)「保健所」を除く。
6)「社会保険事業団体」及び「福祉事務所」を除く。
7)「政治・経済・文化団体」、「宗教」及び「外国公務」を除く。

1) Excluding "scientific and development research institutes"
2) Excluding "pure holding companies"
3) Excluding "domestic services"
4) Excluding "school education"
5) Excluding "public health centers"
6) Excluding "social insurance organizations" and "welfare offices"
7) Excluding "political, business and cultural organizations", "religion" and "foreign governments and international agencies in Japan"

第3表　事業活動の産業（中分類）、事業所・企業等の事業従事者規模別売上高

Table 3 Sales by Industry (Medium Groups) of Business Activity and Size of Persons Working at the Location of Establishment and Enterprise, etc.

2022年平均　Annual Average (2022)　　　　　　　　　　　　　　　　　　　　　（単位　百万円　　Unit 1 million yen）

事業活動の産業(中分類) Industry of Business Activity (Medium Groups)	総数 Total	10人未満 Under 10 persons	10～29人 10～29 persons	30～99人 30～99 persons	100～299人 100～299 persons	300人以上 300 persons or more
合　　　　　　　　　　　計	32,979,281	4,276,693	5,107,935	5,354,249	3,475,154	14,765,250
サ　ー　ビ　ス　産　業　計	31,935,105	4,238,077	5,104,288	5,319,094	3,389,384	13,884,263
G　情　　報　　通　　信　　業	5,088,221	153,059	269,258	396,521	550,305	3,719,078
37　通　　　　　　信　　　　　業	1,533,513	9,694	17,774	24,926	32,613	1,448,507
38　放　　　　　送　　　　　業	295,860	2,964	6,831	21,474	65,411	199,181
39　情　報　サ　ー　ビ　ス　業	2,399,098	67,902	179,919	218,977	283,712	1,648,589
40　インターネット附随サービス業	367,959	27,870	18,626	41,337	67,086	213,040
41　映像・音声・文字情報制作業	491,790	44,630	46,108	89,807	101,483	209,761
H　運　　輸　　業　，　郵　　便　　業	5,200,976	293,890	649,605	992,680	618,274	2,646,528
42　鉄　　　　　道　　　　　業	501,594	133	799	2,547	11,267	486,846
43　道　路　旅　客　運　送　業	230,355	8,813	31,209	65,510	52,341	72,482
44　道　路　貨　物　運　送　業	2,070,914	137,590	366,344	649,618	180,484	736,877
45　水　　　　　運　　　　　業	562,112	36,641	35,050	68,704	146,879	274,838
47　倉　　　　　庫　　　　　業	415,459	24,700	51,505	95,589	90,607	153,058
48　運輸に附帯するサービス業	1,159,897	85,733	164,003	107,957	132,722	669,481
4*　航　空　運　輸　業，　郵　便　業 （信書便事業を含む）	260,646	279	694	2,754	3,974	252,945
K　不　動　産　業，　物　品　賃　貸　業	4,193,040	881,873	492,420	535,903	456,965	1,825,880
68　不　動　産　取　引　業	1,250,359	285,482	112,066	203,800	179,497	469,514
69　不　動　産　賃　貸　業・　管　理　業	1,859,763	442,940	226,983	197,945	159,157	832,738
70　物　　品　　賃　　貸　　業	1,082,918	153,451	153,371	134,158	118,311	523,627
L　学術研究，専門・技術サービス業　1)	2,856,183	503,717	353,218	387,028	237,210	1,375,012
72　専　門　サ　ー　ビ　ス　業 （他に分類されないもの）　2)	799,775	216,789	115,240	84,252	72,935	310,560
73　広　　　　　告　　　　　業	781,135	74,200	59,592	101,717	52,399	493,227
74　技　術　サ　ー　ビ　ス　業 （他に分類されないもの）	1,275,273	212,728	178,386	201,059	111,875	571,225
M　宿　泊　業，　飲　食　サ　ー　ビ　ス　業	2,069,840	549,869	617,747	334,133	107,057	461,034
75　宿　　　　　泊　　　　　業	451,788	44,039	111,456	112,551	75,211	108,531
76　飲　　　　　食　　　　　店	1,380,600	451,379	433,941	181,227	21,913	292,141
77　持ち帰り・配達飲食サービス業	237,451	54,450	72,350	40,355	9,933	60,362
N　生　活　関　連　サ　ー　ビ　ス　業，　娯　楽　業	3,656,778	582,861	931,942	1,022,820	272,170	846,985
78　洗　濯・理　容・美　容・浴　場　業	448,880	253,112	71,641	76,324	17,910	29,892
79　その他の生活関連サービス業　3)	516,263	170,428	81,366	67,847	32,275	164,346
80　娯　　　　　楽　　　　　業	2,691,636	159,321	778,935	878,648	221,985	652,747
O　教　育，　学　習　支　援　業　4)	295,698	83,499	73,453	53,949	16,602	68,194
82　その　他　の　教　育，　学　習　支　援　業	295,698	83,499	73,453	53,949	16,602	68,194
82a　うち社会教育，職業・教育支援施設	59,562	8,603	9,537	11,968	7,501	21,953
82b　うち学習塾，教養・技能教授業	185,574	68,548	49,409	20,038	5,256	42,323
P　医　　療，　　福　　祉	4,973,212	588,467	1,001,172	967,818	691,320	1,724,435
83　医　　　　　療　　　　　業	3,539,342	472,684	587,968	332,434	527,810	1,618,446
84　保　健　衛　生　業　5)	56,119	1,860	4,984	15,585	22,969	10,721
85　社会保険・社会福祉・介護事業　6)	1,377,752	113,923	408,220	619,799	140,541	95,268
R　サ　ー　ビ　ス　業 （他に分類されないもの）　7)	3,601,156	600,844	715,473	628,242	439,480	1,217,118
88　廃　棄　物　処　理　業	466,979	109,541	162,504	124,254	39,261	31,419
89　自　動　車　整　備　業	254,786	102,935	108,714	31,280	5,986	5,870
90　機械等修理業（別掲を除く）	382,100	68,868	76,217	54,779	25,665	156,571
91　職　業　紹　介・労　働　者　派　遣　業	691,541	136,124	142,981	83,476	109,476	219,483
92　そ　の　他　の　事　業　サ　ー　ビ　ス　業	1,770,360	175,899	212,398	325,667	255,533	800,864
95　そ　の　他　の　サ　ー　ビ　ス　業	35,390	7,477	12,659	8,786	3,558	2,911
そ　　　　　の　　　　　他	1,044,176	38,616	3,647	35,156	85,770	880,988

1)「学術・開発研究機関」を除く。
2)「純粋持株会社」を除く。
3)「家事サービス業」を除く。
4)「学校教育」を除く。
5)「保健所」を除く。
6)「社会保険事業団体」及び「福祉事務所」を除く。
7)「政治・経済・文化団体」、「宗教」及び「外国公務」を除く。

1) Excluding "scientific and development research institutes"

2) Excluding "pure holding companies"

3) Excluding "domestic services"

4) Excluding "school education"

5) Excluding "public health centers"

6) Excluding "social insurance organizations" and "welfare offices"

7) Excluding "political, business and cultural organizations", "religion" and "foreign governments and international agencies in Japan"

2022年平均　Annual Average (2022)

事業活動の産業 （一部中分類）	事業所・企業等の産業（一部中分類）						
		G	H	K	70 うち 物品賃貸業	L	M
	サービス産業計	情報通信業	運輸業，郵便業	不動産業， 物品賃貸業		学術研究， 専門・技術 サービス業 1)	宿泊業， 飲食サービス業
	Service industry	Information and communications	Transport and postal activities	Real estate and goods rental and leasing	of which Goods rental and leasing	Scientific research, professional and technical services 1)	Accommodations, eating and drinking services
サービス産業計	31,923,110	5,081,088	5,322,734	4,120,997	1,081,814	2,857,216	2,071,268
G 情報通信業	5,087,743	4,982,142	1,620	2,264	346	69,644	192
H 運輸業，郵便業	5,200,972	526	5,188,578	3,036	1,125	2,527	1,077
K 不動産業，物品賃貸業	4,191,506	17,891	73,670	4,053,025	1,073,876	17,266	8,535
70 うち物品賃貸業	1,082,895	2,007	6,017	1,071,714	1,068,328	2,044	251
L 学術研究，専門・技術サービス業 1)	2,852,456	24,947	23,025	24,047	1,226	2,723,005	20,068
M 宿泊業，飲食サービス業	2,067,578	277	2,516	11,169	X	7,236	2,026,248
75 うち宿泊業	451,736	177	999	9,365	-	143	436,784
N 生活関連サービス業，娯楽業 2)	3,656,308	4,560	9,779	4,756	943	1,256	11,058
80 うち娯楽業	2,691,210	3,794	5,732	2,903	X	435	6,269
O 教育，学習支援業 3)	295,698	8,023	511	565	X	1,821	318
P 医療，福祉 4)	4,973,117	1,210	1,115	1,709	192	2,811	2,421
R サービス業 （他に分類されないもの）5)	3,597,732	41,512	21,920	20,426	4,098	31,648	1,351

1)「学術・開発研究機関」及び「純粋持株会社」を除く。
2)「家事サービス業」を除く。
3)「学校教育」を除く。
4)「保健所」、「社会保険事業団体」及び「福祉事務所」を除く。
5)「政治・経済・文化団体」、「宗教」及び「外国公務」を除く。

事業所・企業等の産業（一部中分類）別売上高
and Industry (Including Some Medium Groups) of Establishment and Enterprise, etc.

（単位　百万円　　Unit 1 million yen）

Industry of establishment and enterprise, etc. (Including Some Medium Groups)						Industry of business activity
75 うち 宿泊業 of which Accommodations	N 生活関連サービス業，娯楽業 2) Living-related and personal services and amusement services 2)	80 うち 娯楽業 of which Services for amusement and hobbies	O 教育，学習支援業 3) Education, learning support 3)	P 医療，福祉 4) Medical, health care and welfare 4)	R サービス業（他に分類されないもの）5) Services n.e.c. 5)	
478, 178	3, 666, 496	2, 706, 873	283, 952	4, 966, 940	3, 552, 418	Service industry
–	10, 843	10, 652	825	333	19, 880	G　Information and communications
935	1, 001	X	31	–	4, 196	H　Transport and postal activities
7, 305	8, 089	6, 734	499	2, 323	10, 207	K　Real estate and goods rental and leasing
X	447	X	–	121	294	70　Goods rental and leasing
382	2, 010	1, 588	913	1, 196	33, 246	L　Scientific research, professional and technical services 1)
455, 794	17, 240	10, 177	154	752	1, 987	M　Accommodations, eating and drinking services
435, 894	2, 605	1, 394	79	675	909	75　of which Accommodations
10, 127	3, 621, 354	2, 672, 670	564	240	2, 740	N　Living-related and personal services and amusement services 2)
5, 874	2, 671, 381	2, 671, 250	392	X	X	80　of which Services for amusement and hobbies
X	2, 455	2, 437	280, 015	90	1, 901	O　Education, learning support 3)
X	191	X	89	4, 961, 449	2, 121	P　Medical, health care and welfare 4)
1, 182	3, 314	2, 495	864	557	3, 476, 140	R　Services, n.e.c. 5)

1) Excluding "scientific and development research institutes" and "pure holding companies"

2) Excluding "domestic services"

3) Excluding "school education"

4) Excluding "public health centers", "social insurance organizations" and "welfare offices"

5) Excluding "political, business and cultural organizations", "religion" and "foreign governments and international agencies in Japan"

付録 1　サービス産業動向調査の沿革

　我が国の経済活動におけるサービス産業（第三次産業）のウエイトはＧＤＰベース及び従業者ベースで７割を超えており（表参照）、こうした経済社会の実態を的確に捉えるためには、サービス分野の統計が的確に整備されている必要がある。

　しかしながら、サービス産業に関する統計は、個々の業種ごとにモザイク状に整備が行われ、サービス産業の全体像を明らかにするものとはなっていなかった。

　このような状況は、産業統計としての利用に支障を来しているだけでなく、我が国の経済活動に占めるサービス産業のウエイトが圧倒的に高いことを背景にＧＤＰ関連統計や産業連関表の精度上の大きな制約要因となっており、統計体系の整備の観点からもその改善が強く望まれていた。とりわけＧＤＰの四半期別速報（ＱＥ）を作成するためのサービス産業の基礎統計については、月次ベースの統計が一部の業種のみに限られており、これをサービス産業全体に拡充することへの期待が高くなっていた。

　このような背景から、総務省統計局は、「経済財政運営と構造改革に関する基本方針2006」（平成18年7月7日閣議決定）等における政府の統計整備の方針に基づき、ＧＤＰベースで約7割を超える第三次産業のうち、これまで統計の整備が十分でなかったサービス産業を調査対象として、その活動の動向を包括的かつ適時に把握できる「サービス産業動向調査」（月次調査）を2008年7月に創設した。

　2013年からは、「公的統計の整備に関する基本的な計画」（平成21年3月13日閣議決定）において、サービス活動に係る統計の整備について一層の推進が必要とされたこと等を踏まえ、サービス産業の詳細な産業分類別及び地域別の状況を年次で把握することを目的として、毎月の調査とは別に年1回の「サービス産業動向調査」（拡大調査）を開始した。

　その後、拡大調査は、「公的統計の整備に関する基本的な計画」（平成30年3月6日閣議決定）等に基づき、経済構造統計を軸とした経済統計の体系的整備の推進を計る観点で、拡大調査を含めた既存の統計調査を統合・再編した「経済構造実態調査」の創設を踏まえ、2018年調査の実施をもって終了した。

　サービス産業動向調査の結果は、ＧＤＰの基礎資料として活用されており、今後、更なる利活用が期待される。

サービス産業動向調査に関する委員会及び政府の決定等の経緯

■「政府統計の構造改革に向けて」（平成17年6月10日内閣府経済社会統計整備推進委員会報告）
・「ＱＥを始めとする経済指標の精度向上に資するため、サービス産業に係る動態統計が未整備の分野について、生産・雇用等の状況を月次ベースで把握できる動態統計を創設」
・「経済センサス（仮称）の実施による的確な母集団名簿の整備が進んだ後は、サービス産業の構造的な実態把握やＧＤＰ関連統計・産業連関表の精度向上に資するため、適切なサンプル調査によってサービス産業を幅広く捉えた構造統計を整備」

■「経済財政運営と構造改革に関する基本方針2006」（平成18年7月7日閣議決定）
・「サービス産業全体の生産・雇用等の状況を月次ベースで概括的に把握できる統計を2008年度に創設するなど、サービス統計の抜本的拡充を図る」

 サービス産業動向調査の創設（2008年7月）

■「公的統計の整備に関する基本的な計画」（平成21年3月13日閣議決定）
・「サービス活動に係る統計の整備は着実に進展してはいるものの、今後とも一層の推進が必要である」

■「公的統計の整備における喫緊の課題とその対応に関する基本的考え方」
（平成22年6月18日統計委員会）
・「サービス産業の売上高等を幅広く月次で調査するサービス産業動向調査が20年7月から開始され、また、周期調査として経済センサスについても、サービス産業を含む経済活動の網羅的な把握が期待されている。今後、これらの統計整備の着実な実施に加え、年次での構造把握が未整備な分野への対処など、サービス産業関連の統計整備について一層の推進が求められている」

 サービス産業動向調査の見直し（2013年1月）
・資本金1億円以上の企業等について企業単位の調査を導入し、売上高等を事業活動ごとに調査
・毎月の調査対象に約4万事業所を加えた年次調査（拡大調査）を創設し、年間売上高を都道府県別に調査

■「公的統計の整備に関する基本的な計画」（平成30年3月6日閣議決定）
・「経済センサス－活動調査の中間年における経済構造統計について、関係府省は、関連する基幹統計調査を再編した上で、経済構造統計における母集団情報の整備・提供という従来の目的・役割に加え、新たに基準年からの構造の変化を含めた中間年の実態を把握・提供する。」

 経済構造実態調査の創設（2019年）
・サービス産業動向調査（拡大調査）は2018年調査の実施をもって終了、経済構造実態調査に統合

図　GDP（国内総生産）に占める第三次産業の構成比の推移

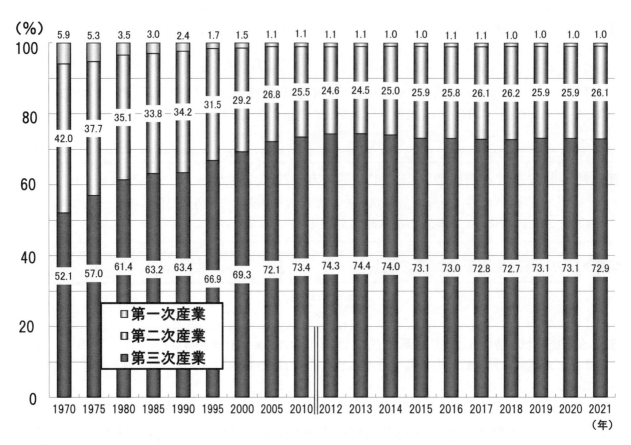

出典：「2021年度国民経済計算年次推計」（内閣府経済社会総合研究所）
　　　1975（昭和50）年以前の結果は68ＳＮＡ、1980（昭和55）年以降1990（平成２）年以前の結果は93ＳＮＡ、
　　　1995（平成７）年以降の結果は08ＳＮＡに基づく。

表　サービス産業動向調査の調査対象産業の構成比（％）

	全産業	第三次産業	サービス産業動向調査の調査対象産業	出典
事業所数	100.0	82.1	50.4	「平成28年経済センサス-活動調査」結果 （総務省・経済産業省） 「平成26年経済センサス-基礎調査」結果 （総務省）
従業者数	100.0	78.9	47.2	「平成28年経済センサス-活動調査」結果 （総務省・経済産業省） 「平成26年経済センサス-基礎調査」結果 （総務省）
ＧＤＰ	100.0	72.9	47.0	「2021年度 国民経済計算年次推計」 （内閣府経済社会総合研究所）

付録2　サービス産業動向調査の概要

1　調査の目的
　サービス産業の生産・雇用等の動向を月次で把握し、ＧＤＰの四半期別速報（ＱＥ）を始めとする各種経済指標の精度向上等に資することを目的としている。

2　調査の根拠法令
　統計法（平成19年法律第53号）に基づく一般統計調査として実施している。

3　調査の対象
　2016年に実施した平成28年経済センサス‐活動調査及び2014年に実施した平成26年経済センサス‐基礎調査時に存在したサービス産業[※1]を主産業とする全国の事業所・企業等のうち、統計的手法によって選定[※2]された事業所・企業等を対象としており、約37,000事業所・企業等を調査している。

　　※1　調査対象業種の詳細は付録7参照
　　※2　選定方法の詳細は付録3参照

4　調査票の種類及び調査事項
（1）調査票の種類
　　事業所・企業等の別に、調査開始1か月目は「1か月目用調査票」、2か月目以降は「月次調査票」を用いて調査している。

（2）調査事項
　　調査票ごとの調査事項は以下の表のとおりである。

	月間売上高	事業所の主な事業の種類	月末の事業従事者数及びその内訳
1か月目用調査票（事業所用）	○（※）	○	○（※）
月次調査票（事業所用）	○	−	○
1か月目用調査票（企業等用）	○（事業活動別）（※）	−	○（※）
月次調査票（企業等用）	○（事業活動別）	−	○

※調査月及びその前月分を調査

（注）2017年1月調査より「需要の状況」を削除

5　調査の方法

　　調査は、民間調査機関に委託し、調査対象事業所・企業等の事業主又は事業主に代わる
者が配布された調査票に記入することにより実施している。調査票の配布・回収は、郵送
又はオンライン調査により行っている。ただし、調査票が未回収の場合については、調査
員が調査事業所を直接訪問し、回収を行うことがある。

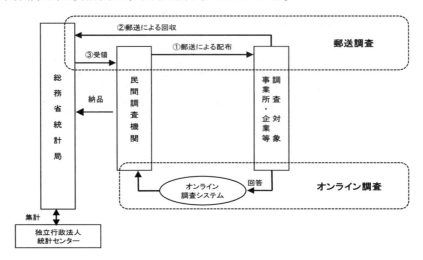

＜重複是正措置について＞

　　記入者負担を軽減するため、本調査の調査対象事業所・企業等が、経済産業省の実施し
ている統計調査※と重複している場合、本調査の調査票を配布せず、同省の調査から得ら
れた調査票情報の提供を受けている。

※特定サービス産業動態統計調査

6　集計

　　集計は、独立行政法人統計センターにおいて行っている。

7　結果の公表

　　調査結果は、速報及び確報により、インターネット及び閲覧に供する方法で公表してい
る。

　　　速報：原則、調査対象とする月の翌々月の下旬に公表
　　　確報：原則、調査対象とする月の５か月後の下旬に公表

付録3　調査対象の抽出、結果の推定方法及び推定値の標本誤差

1　調査対象の抽出

調査対象は、2016年に実施した平成28年経済センサス‐活動調査及び2014年に実施した平成26年経済センサス‐基礎調査時に存在した(1)に掲げる産業を主産業とする全国の事業所・企業等の中から、統計的手法によって以下のとおり抽出した。

事業所：約25,000　企業等：約12,000

（注）　2021年調査から、民営事業所の母集団を平成26年経済センサス‐基礎調査から平成28年経済センサス‐活動調査に変更した。国、地方公共団体の事業所の母集団については引き続き平成26年経済センサス‐基礎調査を基礎としている。調査対象事業所・企業等は、平成28年経済センサス‐活動調査及び平成26年経済センサス‐基礎調査を基に抽出しているが、各種情報により把握した上記調査後に新設された事業所・企業等についても母集団に適宜追加した上で抽出している。また、調査対象事業所が廃業した場合は代替の事業所を選定して調査対象としている。

(1)　サービス産業の範囲（付録7参照）

日本標準産業分類（平成25年10月改定）に掲げる以下の大分類（主な中分類ごとに設けられている小分類「管理，補助的経済活動を行う事業所」を除く）が調査対象である。

① 大分類G－情報通信業
② 大分類H－運輸業，郵便業
③ 大分類K－不動産業，物品賃貸業
④ 大分類L－学術研究，専門・技術サービス業
　　（中分類71－学術・開発研究機関及び細分類7282－純粋持株会社を除く。）
⑤ 大分類M－宿泊業，飲食サービス業
⑥ 大分類N－生活関連サービス業，娯楽業
　　（小分類792－家事サービス業を除く。）
⑦ 大分類O－教育，学習支援業
　　（中分類81－学校教育を除く。）
⑧ 大分類P－医療，福祉
　　（小分類841－保健所、小分類851－社会保険事業団体及び小分類852－福祉事務所を除く。）
⑨ 大分類R－サービス業（他に分類されないもの）
　　（中分類93－政治・経済・文化団体、中分類94－宗教及び中分類96－外国公務を除く。）

(2)　調査対象の抽出と交替

① 企業等（全数調査）

ア　次の(ア)から(カ)までに掲げる産業を主産業とする企業等をしっ皆層とする。
　　（ア）小分類371－固定電気通信業
　　（イ）小分類372－移動電気通信業
　　（ウ）小分類381－公共放送業（有線放送業を除く）
　　（エ）中分類42－鉄道業
　　（オ）中分類46－航空運輸業
　　（カ）中分類49－郵便業（信書便事業を含む）
イ　ア以外で、資本金・出資金・基金が1億円以上の企業をしっ皆層とする。
ウ　交替を行わず、継続的に調査する。

② 事業所（全数調査又は標本調査）

上記①ア（ア）から（カ）までに掲げる産業以外のサービス産業を主産業とする事業所を以下のとおり抽出する。ただし、上記①ア及びイに該当する企業等に属する事業所は除く。

ア　全数調査については、一定規模以上の事業所をしっ皆層とし、継続的に調査する。

イ　標本調査については、上記ア以外の事業所を標本層とし、原則として、2年間継続して調査する。

2　結果の推定方法

調査の結果は、事業所及び企業等の推定値を合算することにより集計している。推定値は、調査票の欠測値や回答内容の矛盾などについて精査し、経済センサスや客体の公開情報等を基に補足訂正を行った上で推計している。

売上高及び事業従事者数について、平成28年経済センサス‐活動調査及び平成26年経済センサス–基礎調査の結果等を基に以下の式により算出している。

総和の推定値（売上高、事業従事者数）：　$\hat{T}_x = \sum_{h=1}^{L} W_h \sum_{i=1}^{n_h} x_{hi}$

h：　層（産業分類×事業従事者規模×調査対象の種類（しっ皆層、標本層））

W_h：　ウエイト $\frac{N_h}{n_h}$　なお、しっ皆層は $N_h = n_h$ で $W_h = 1$

L：　層の数

N_h：　第h層の母集団事業所数

n_h：　第h層の調査事業所数

x_{hi}：　第h層の第i番目の売上高、事業従事者数

3　推定値の標本誤差

売上高の総和について、標準誤差率を次の式により算出する。その結果は表のとおりである。

標準誤差率（％）：　$\hat{\sigma}_{T_x} / \hat{T}_x \times 100$

売上高の総和の標準誤差：　$\hat{\sigma}_{T_x} = \sqrt{\sum_{h=1}^{L} N_h (N_h - n_h) \frac{s_h^2}{n_h}}$

第h層の売上高の標本分散：　$s_h^2 = \frac{1}{n_h-1} \sum_{i=1}^{n_h} (x_{hi} - \bar{x}_h)^2$

第h層の売上高の平均値：　$\bar{x}_h = \frac{1}{n_h} \sum_{i=1}^{n_h} x_{hi}$

表　産業、月別売上高の標準誤差率

(%)

	産業中分類		2022年											
			1月	2月	3月	4月	5月	6月	7月	8月	9月	10月	11月	12月
サ	サービス産業計		0.9	0.9	0.9	0.9	0.9	0.8	0.9	0.9	0.9	0.9	0.8	0.9
G	情報通信業		2.1	1.3	2.2	1.5	1.1	1.3	1.2	1.1	2.1	1.2	1.2	2.5
37	通信業		0.2	0.3	0.2	0.2	0.2	0.3	0.3	0.2	0.2	0.2	0.3	0.2
38	放送業		0.2	0.2	0.2	0.2	0.2	0.3	0.3	0.3	0.3	0.2	0.3	0.3
39	情報サービス業		4.7	2.8	4.0	3.3	2.4	2.4	2.5	2.2	4.0	2.5	2.6	4.9
40	インターネット附随サービス業		2.1	3.1	3.3	3.8	3.2	3.3	3.1	3.2	3.2	2.9	2.9	2.6
41	映像・音声・文字情報制作業		3.3	2.5	3.9	3.6	3.2	2.7	3.0	3.1	2.7	2.7	2.7	2.9
H	運輸業、郵便業		2.5	2.4	2.3	2.2	2.1	2.2	2.2	2.2	2.2	2.2	2.3	2.2
42	鉄道業		-	-	-	-	-	-	-	-	-	-	-	-
43	道路旅客運送業		4.3	4.0	3.9	3.8	4.3	4.4	4.1	4.2	4.0	4.0	4.2	4.3
44	道路貨物運送業		4.7	4.7	4.6	4.3	4.4	4.5	4.5	4.5	4.6	4.6	4.7	4.5
45	水運業		4.3	4.4	3.8	4.0	3.6	3.5	3.7	3.4	3.6	3.5	3.7	3.7
47	倉庫業		10.1	10.3	9.9	10.9	10.1	10.9	10.5	10.1	10.0	10.9	10.6	10.1
48	運輸に附帯するサービス業		5.2	3.8	3.6	3.9	3.9	3.8	4.6	3.9	4.1	4.7	4.2	3.8
4*	航空運輸業、郵便業（信書便事業を含む）		-	-	-	-	-	-	-	-	-	-	-	-
K	不動産業、物品賃貸業		2.5	3.1	2.9	3.1	3.1	2.2	2.8	2.5	2.5	2.9	2.4	2.5
68	不動産取引業		5.2	7.8	5.6	8.4	8.3	3.8	7.1	5.1	4.6	7.6	4.4	4.8
69	不動産賃貸業・管理業		2.9	3.0	2.9	2.9	3.0	3.0	3.0	3.0	3.1	3.2	3.2	3.2
70	物品賃貸業		5.9	5.8	5.8	5.7	5.6	5.4	5.8	5.7	5.8	5.7	5.7	5.4
L	学術研究、専門・技術サービス業 1)		2.6	2.4	2.1	2.5	3.6	3.3	2.8	2.8	2.3	2.9	2.4	2.3
72	専門サービス業（他に分類されないもの）2)		2.1	2.3	2.2	2.3	2.2	2.4	2.3	2.6	2.1	2.3	2.2	2.2
73	広告業		5.6	5.1	4.6	5.2	4.9	4.8	6.8	5.5	5.2	5.1	5.2	4.7
74	技術サービス業（他に分類されないもの）		4.5	4.2	3.3	4.6	7.6	6.2	4.7	5.1	3.7	5.9	4.3	3.8
M	宿泊業、飲食サービス業		1.8	1.9	1.8	1.8	1.9	1.8	1.9	2.1	1.9	1.9	1.9	1.9
75	宿泊業		6.3	7.1	6.2	6.3	6.1	6.3	6.1	6.2	6.1	6.1	5.9	6.3
76	飲食店		1.7	1.8	1.7	1.7	1.7	1.7	1.7	1.7	1.7	1.7	1.7	1.7
77	持ち帰り・配達飲食サービス業		5.2	5.0	5.1	5.6	5.6	5.7	5.6	5.8	5.8	5.5	5.6	5.5
N	生活関連サービス業、娯楽業		4.1	4.0	4.0	3.9	3.8	3.8	4.0	4.1	4.0	3.8	3.8	3.9
78	洗濯・理容・美容・浴場業		4.3	4.1	4.3	4.9	4.9	4.7	4.4	4.4	4.3	4.6	4.6	4.3
79	その他の生活関連サービス業 3)		4.8	5.1	7.0	5.4	3.8	4.8	5.9	6.4	5.1	6.1	5.6	6.7
80	娯楽業		5.2	5.1	5.2	5.2	5.0	5.2	5.3	5.3	5.3	5.1	5.2	5.2
O	教育、学習支援業 4)		3.3	3.6	3.4	3.6	4.0	3.5	3.7	3.2	3.4	3.3	3.6	3.4
82	その他の教育、学習支援業		3.3	3.6	3.4	3.6	4.0	3.5	3.7	3.2	3.4	3.3	3.6	3.4
82a	社会教育、職業・教育支援施設		6.7	7.2	7.1	7.5	7.2	7.1	6.8	6.9	6.6	6.8	6.7	7.3
82b	学習塾、教養・技能教授業		3.9	4.3	4.0	4.4	5.4	4.4	4.8	3.7	4.2	4.1	4.8	4.0
P	医療、福祉		1.1	1.1	1.2	1.1	1.2	1.1	1.2	1.2	1.1	1.1	1.1	1.2
83	医療		1.2	1.2	1.2	1.2	1.2	1.2	1.2	1.3	1.2	1.2	1.2	1.3
84	保健衛生 5)		7.7	7.7	7.5	10.7	10.6	7.8	7.7	7.3	7.2	8.0	7.3	7.4
85	社会保険・社会福祉・介護事業 6)		2.7	2.6	2.8	2.6	2.7	2.7	2.7	2.7	2.7	2.6	2.6	2.6
R	サービス業（他に分類されないもの）7)		3.3	3.3	3.6	3.4	3.3	3.4	3.3	3.2	3.3	3.3	3.2	3.3
88	廃棄物処理業		10.5	10.8	10.9	10.7	10.4	10.6	10.2	10.1	10.3	10.2	10.2	10.3
89	自動車整備業		9.4	9.4	9.5	9.4	9.4	9.3	9.5	9.5	9.5	9.4	9.3	9.4
90	機械等修理業（別掲を除く）		3.8	4.4	5.3	4.0	4.0	3.9	3.7	3.7	4.2	3.8	3.9	4.2
91	職業紹介・労働者派遣業		8.3	8.1	9.1	9.0	8.0	8.1	7.8	8.0	7.8	7.7	7.7	7.8
92	その他の事業サービス業		4.9	5.0	5.6	4.7	4.9	5.2	5.1	4.9	5.0	5.0	4.9	5.1
95	その他のサービス業		5.7	5.7	6.3	5.4	5.6	5.8	5.8	5.5	5.6	5.7	5.4	5.9

注1)「学術・開発研究機関」を除く。注2)「純粋持株会社」を除く。注3)「家事サービス業」を除く。注4)「学校教育」を除く。
注5)「保健所」を除く。注6)「社会保険事業団体」及び「福祉事務所」を除く。注7)「政治・経済・文化団体」、「宗教」及び「外国公務」を除く。

付録4　用語の解説

1　事業所

事業所とは、経済活動の場所ごとの単位であって、原則として次の要件を備えているものをいう。

- 経済活動が、単一の経営主体のもとで一定の場所（一区画）を占めて行われていること。
- 物の生産や販売、サービスの提供が、従業者と設備を有して、継続的に行われていること。

2　企業等

「企業」とは、事業活動を行う法人（外国の会社を除く。）又は個人経営の事業所（個人経営であって同一の経営者が複数の事業所を経営している場合は、それらはまとめて一つの企業となる。）をいう。

「企業等」とは、企業及び国・地方公共団体が運営する公営企業等を一部含めたものをいう。

3　売上高

事業所・企業等において、サービス等を提供した対価として得られたもの（消費税等の間接税を含む。）で、仕入高や給与などの経費を差し引く前の金額をいう。

＜売上高に含めるもの＞

- 受託販売　…　販売手数料収入
- 委託販売　…　委託先で販売した実際の販売額
- 不動産代理業・仲介業　…　代理手数料収入、仲介手数料収入など
- 取次業　…　取次手数料収入（クリーニングや写真（現像・焼付・引伸）などの手数料）
- 自家消費・贈与　…　商品や製品などを自家用に消費したり他人に贈与した場合には、金額に換算した額
- 医療業・介護事業　…　医療保険・介護保険からの受取保険料、利用者の自己負担など
- 会社以外の法人及び法人でない団体　…　事業活動によって得た収入

＜売上高に含めないもの＞

- 預金・有価証券などから生じた事業外の利子・配当収入
- 事業外で有価証券、土地や建物などの財産（資産）を売却して得た収入
- 借入金、繰越金
- 本所・本社・本店などから支給される支所・支社・支店の運営経費
- 事業活動を継続するための収入

　（運営交付金、寄付金、献金、補助金、会費、会員の負担金など）

＜売上高の計上時点＞

- 売上高は、代金を受領した月でなく、サービス等を提供した月の売上高を計上
- （例）　割賦販売については、サービス等を提供した月に計上

　　　学習塾などで授業料を3か月分まとめて受け取った場合、授業を実施した期間（3か月）で均等割り

　　　ソフトウェア開発などの長期にわたる事業については、進行状況に応じて計上
- 売上高は、月初めから月末まで1か月間を計上

4　事業従事者

事業所・企業等において、月末に最も近い営業日に実際に働いている人（「出向又は派遣として他の企業などで働いている人」を含まず、「出向又は派遣として他の企業などからきてこの事業所・企業等で働いている人」を含む。）をいう。

事業従事者を次のように区分した。

有給役員

個人経営以外の場合で、役員報酬を得ている人をいう。

個人業主

個人経営の事業主をいう。個人が共同で事業を行っている場合、そのうちの1人を個人業主とし、他の人は常用雇用者とする。

無給の家族従業者

個人業主の家族などで、賃金や給与を受けずに、事業所を手伝っている人をいう。

常用雇用者

期間を定めずに雇用されている人又は1か月以上の期間を定めて雇用されている人をいう。

正社員・正職員

　常用雇用者のうち、一般に正社員・正職員としている人をいう。

正社員・正職員以外

　常用雇用者のうち、一般に契約社員、嘱託社員、パートタイマー、アルバイト又はそれに近い名称で呼ばれている人をいう。

臨時雇用者

　常用雇用者以外の雇用者で、1か月未満の期間を定めて雇用されている人又は日々雇用されている人をいう。

別経営の事業所・企業等からの出向・派遣

　出向又は派遣として、他の企業などから来てこの事業所・企業等で働いている人で、労働者派遣事業の適正な運営の確保及び派遣労働者の保護等に関する法律（昭和60年法律第88号）でいう派遣労働者のほかに、在籍出向など出向元に籍がありながら、この事業所・企業等で働いている人をいう。

5　事業活動の産業

　事業所・企業等が行う事業活動を単位とした産業分類である。企業等においては個々の事業活動ごとに、事業所においては、単一の事業活動を行っているとみなし、当該事業所の主要な事業活動により分類している。

6　事業所・企業等の産業

　事業所・企業等を単位とした産業分類である。企業等においては傘下事業所を含めた当該企業等全体の主要な事業活動、事業所においては当該事業所の主要な事業活動により分類している。

80

付録5　調査票様式

① 1か月目用調査票（事業所用）

一般統計調査

秘　サービス産業動向調査　1か月目用調査票（事業所用）

総務省統計局

●この統計調査は統計法（平成19年法律第53号）に基づき、総務大臣の承認を受けた重要な調査です。
●秘密の保護には万全を期しております。ありのままを記入してください。
●この調査票は、統計以外に使用されることは絶対にありません。

政府統計

調査票の内容について照会する場合がありますので記入をお願いします。

所属部署名
記入者氏名
電話番号　（　　　）　　　−　　　　（内線：　　　）

20　　　年　　　月分とその前月分について記入してください。

税抜き

1. 貴事業所全体の月間売上高

1.（1）売上高（収入額）
※金額は、千円未満を四捨五入してください。ただし会計処理上税込みで記入する場合は税込みで記入してください。
※季節的要因等によって一時的に売上高がない場合は売上高を「0」とし、備考欄②にその状況について記入してください。

[備考欄①] 原則税込みで記入してください。ただし会計処理上税込みで記入する場合は税込みで記入してください。

売上高について、前年同月と比べて大きく増加・減少した場合は、具体的理由を記入してください。前年同月で比較できない場合は前月との比較を記入してください。

	億	百万	万		円
前月				,000	円
今月				,000	円

2. 貴事業所の主な事業活動の種類

貴事業所の主な事業活動

※記載している事業である主な事業活動と現在行っている主な事業活動が同じであれば、その右の「1．はい」、異なる場合は「2．いいえ」に○を付けてください。

現在行っている主な事業活動の内容を記入してください。
（左の選択肢で「2．いいえ」を選択した場合のみ）

選択肢に○を付けてください	
1	② →
はい	いいえ

3. 貴事業所の月末の事業従業者数（月末に最も近い営業日の状況を記入してください。）※該当する従業者がいない場合は空欄にせず「0」人とご記入ください。

	① 有給役員 個人業主 無給の家族従業者	常用雇用者 ② 正社員・正職員 としている人	③ ②以外の人 （パート・アルバイトなど）	④ 臨時雇用者 （③以外のパート・アルバイトなどを含む）	総数 （①〜④の合計）	3.（2）受入者 3.（1）のほかに他の企業などからきて（出向又は派遣）貴事業所で働いている人
前月	人	人	人	人	人	人
今月	人	人	人	人	人	人

3.（1）貴事業所に所属する従業者（出向又は派遣として他の企業など別経営の事業所で働いている人は含みません。）

[備考欄②] 貴事業所について、大きな変化があった場合は、その状況を記入してください。

1 今月他社（団体等）との合併があった
2 今月分社化（法人の分割）があった
3 今月資本金の変更があった

81

② １か月目用調査票（企業等用）

㊙ 一般統計調査

サービス産業動向調査　１か月目用調査票（企業等用）

総務省統計局

調査票の内容について、照会する場合がありますので記入をお願いいたします。

所属部署名
記入者氏名
電話番号（　　　）　　　－　　　（内線：　　　）

20　　年　　　月分とその前月分について記入してください

1. 貴社（団体等）の月間売上高

1.（1）事業活動の内容
※今月以降従事しない事業活動については、事業活動名と一斉線で消し、備考欄②に状況についてご記入ください。

1.（2）売上高（収入額）
※金額は、千円未満を四捨五入し記入してください。
※一時的に売上高がない場合は、売上高を「0」とし、備考欄②にその状況についてご記入ください。

原則税込みで記入してください。ただし、会計処理上税込みで記入することが困難な場合は税抜きで記入し、□内に✓を記入してください。

税抜き □

【備考欄①】
売上高について、前年同月と比べて大きく増加、減少した場合は、具体的な理由を記入してください。
前年同月との比較ができない場合は前月との比較を記入してください。

		百億	十億	億	千万	百万	万	千	,000円
1	前月								,000円
	今月								,000円
2	前月								,000円
	今月								,000円
3	前月								,000円
	今月								,000円
4	前月								,000円
	今月								,000円
5 その他	前月								,000円
	今月								,000円

※1～4以外の事業活動について記入してください。
またその内容を備考欄②にご記入ください。

企業全体（合計）
※合計欄は空欄にせず企業全体の合計金額をご記入ください。

		百億	十億	億	千万	百万	万	千	,000円
	前月								,000円
	今月								,000円

【備考欄②】貴社（団体等）について大きな変化があった場合は、その状況を記入してください。

1 今月他社（団体等）との合併があった
2 今月分社化（法人の分割）があった
3 今月賃金の変更があった

2. 貴社（団体等）の月末の事業従業者数（月末に最も近い営業日の状況を記入してください。※該当する従業者がいない場合は空欄にせず「0」人とご記入ください。）

2.（1）貴社（団体等）の事業活動に所属する従業者数（出向又は派遣として他の企業などで働いている人は含みません。）

	① 有給役員	常用雇用者		臨時雇用者	総数
		② 正社員・正職員としている人	③ ②以外の人（パート・アルバイトなど）	④ 臨時雇用者（③以外のパート・アルバイトなどを含む）	（①～④の合計）
前月	人	人	人	人	人
今月	人	人	人	人	人

2.（2）受入者
2.（1）のほか他の企業などから出向又は派遣（出向又は（出向又は派遣）で働いている人

	人
	人

③　月次調査票（事業所用）

㊙　一般統計調査

●この統計調査は統計法（平成19年法律第53号）に基づく一般統計調査として総務大臣の承認を受けた重要な調査です。
●秘密の保護には万全を期していますので、ありのままを記入してください。
●この調査票は、統計的に処理され、税務資料などに使われることはありません。

サービス産業動向調査　月次調査票（事業所用）

総務省統計局

２０　　　年　　　月分について記入してください

調査の内容について照会する場合がありますので記入をお願いします。

所属部署名
記入者氏名
電話番号　（　　　）　　　－　　　（内線：　　　）

政府統計

---

1. 貴事業所全体の月間売上高

1.（1）売上高（収入額）

※金額は、千円未満を四捨五入して記入してください。ただし、合計処理上税込みで記入する
　ことが困難な場合は税抜きで記入し、□内にレを記入してください。

税抜き □

▲　百億　　十億　　億　　百万　　十万　　万　　千　　,000円

〔備考欄①〕

売上高について、前年同月と比べて大きく増加／減少した場合は、具体的理由を記入してください。
前年同月で比較できない場合は前月との比較を記入してください。

※売上高は下円未満の場合は売上高を「0」とし、下の備考欄②に
その状況について記入してください。

〔記入のしかた〕

「1.（1）売上高（収入額）」について
・貴事業所のすべての月間売上高（収入額）を記入してください。
・売上高（収入額）とは、貴事業所において、サービス等を提供した対価として得られたもので、仕入高や給与などの経費を差し引く前の金額をいいます。
・消費税の取扱いについては、原則税込みで記入してください。が、会計処理上税込みで記入することが困難な場合は税抜きで記入し、税抜き枠□にレを記入してください。

---

2. 貴事業所の月末の事業従事者数

2.（1）貴事業所に所属する従業者数（出向又は派遣として他の企業など別経営の事業所で働いている人を記入してください。）　※該当する従業者が働いている事業所で働いている人は含みません。

①	有給役員		常用雇用者		④ 臨時雇用者	総数
	個人業主 無給の家族従業者		② 正社員・正職員 としている人	③ ②以外の人 （パート・アルバイトなど）	（③以外のパート・アルバイト などを含む）	（①〜④の合計）
人	人		人	人	人	人

2.（2）受入者

2.（1）のほかに他の企業など他社から来て（出向又は派遣）貴事業所で働いている人

人

〔備考欄②〕　貴事業所について、大きな変化があった場合は、その状況を記入してください。

1 今月他社（団体等）との合併があった
2 今月分社化（法人の分割）があった
3 今月資本金の変更があった

*

④ 月次調査票（企業等用）

付録6　調査票の記入のしかた

① 調査票（事業所用）の記入のしかた

2022.1更新

サービス産業動向調査
調査票（事業所用）の記入のしかた

保存版 本書は調査終了まで使用します。大切に保管してください。

政府統計

調査票を記入する前に、よくお読みください

❖ 調査票の記入に当たっての留意事項

・ この調査票は、サービス産業に含まれる事業を行っている事業所にお配りしております。

・ 事業所とは、サービスの提供等が行われている個々の場所をいいます。

・ 店舗、事務所、営業所、医院、旅館などのように固定的な場所で事業を行っている場合は、その場所が事業所となります。

・ 個人タクシーなど事業を行う場所が一定しない場合や個人教授、著述家など自宅の一部で事業を営んでいる場合は、自宅が事業所となります。

・ 本社、支社、営業所、出張所などは、それぞれ、その場所ごとに事業所となります。

＜記入上の注意点＞

・ 黒又は青のボールペンなどで、はっきり記入してください（摩擦熱でインクが消えるボールペンは使用しないでください）。

・ 記入した内容を訂正する場合は、二重線で消し、正しい内容を記入してください。

・ 数字を記入する欄について、**売上がない場合や該当者がいない場合には空欄にせず、「0」と記入**してください。

・ 金額欄は、千円未満を四捨五入し千円単位で記入してください。また、「¥」記号は付けないでください。

・ 提出期限までに調査票のご提出を確認できない場合や、ご提出いただいた調査票に記入漏れなどがあった場合、後日、おたずねすることがあります。

❖ 調査票の回答方法

調査票は、**インターネット又は、郵送によりご回答ください。**インターネットでの回答については、8ページ〜19ページの「2. オンライン使用ガイド」をご覧ください。

総務省統計局

HF-04

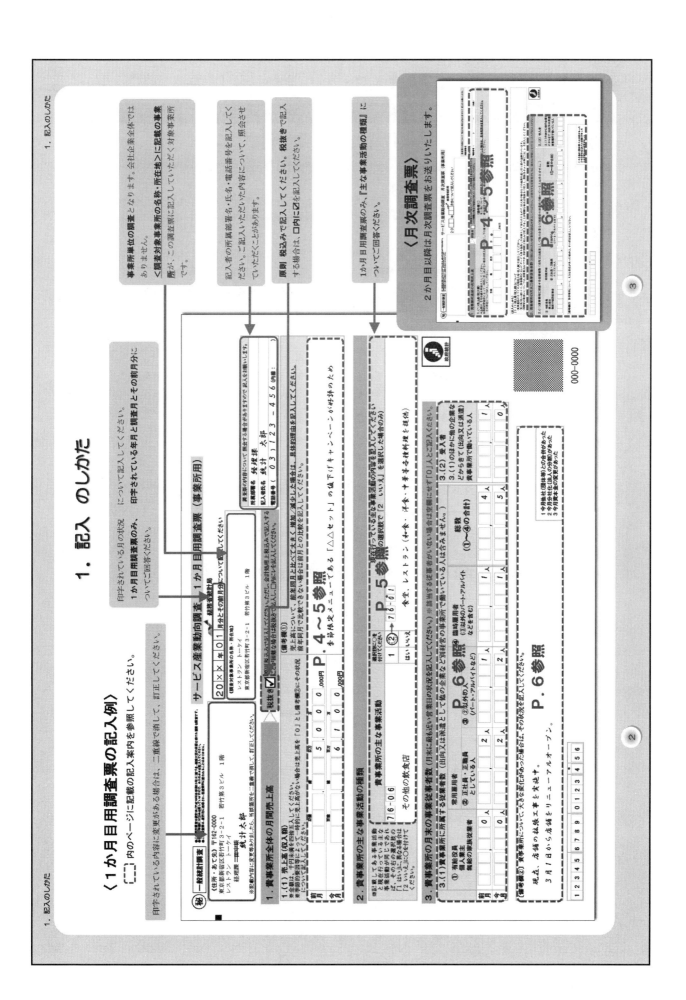

86

1．記入のしかた

1. 貴事業所全体の月間売上高

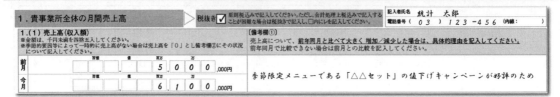

1.（1）売上高（収入額）

- ●「1.（1）売上高（収入額）」とは、貴事業所においてサービス等を提供した対価として得られたもので、仕入高や給与などの**経費を差し引く前の金額**をいいます。売上高（収入額）は、貴事業所における**全売上高（収入額）**を記入してください。ただし、季節的要因等によって**一時的に売上高がない場合は売上高を「0」**とし、〔備考欄②〕にその状況について記入してください。

- ●事業活動を継続するための収入（運営費交付金、寄付金、献金、補助金、会費、会員の負担金など）は含めないでください。

- ●**会社以外の法人**及び**法人でない団体**は、事業活動によって得られた収入（利用料など）があればご記入ください。

- ●売上高を税抜き額で記入する場合は、**「税抜き □」**にレを記入してください。

- ●金額欄は、千円未満を四捨五入し千円単位で記入してください。

- ●正確な売上高（収入額）がどうしても把握できない場合は、概算額を記入してください。

- ●売上が発生しなかった月は「0」と記入し、その理由を〔備考欄②〕に記入してください。

- ●修理センターなどで、代金が貴事業所に直接支払われず、本社等に振り込まれている場合は、その振込代金は本社の売上高（収入額）とはせず、実際にサービスを提供した事業所の売上高（収入額）としてください。

〔備考欄①〕

- ●**前年同月に比べて大きな変化があった場合は、その具体的理由を記入**してください。

- ●前年同月と比較できない場合は、前月と比較し売上高（収入額）の増減理由を記入してください。

売上高（収入額）の計上時点について

○売上高（収入額）は、代金を受領した月ではなく、サービス等を提供した月に計上してください。

例）・割賦販売については、サービス等を提供した月に計上してください。

・学習塾などで授業料を3か月分まとめて受け取った場合、授業を実施した期間（3か月間）で均等割りして計上してください。

・ソフトウェア開発などの長期にわたる事業については、進行状況に応じて計上してください。

○売上高（収入額）は、月初めから月末までの1か月間の金額を記入してください。やむを得ない場合は、一定の日を定めてその日から1か月間の金額を記入することは差し支えありませんが、翌月以降の調査票においても同一の期間で記入してください。

売上高（収入額）に含めるもの

業種・業態	売上高（収入額）に含めるもの
新聞業・出版業	新聞売上高、広告収入など
広告業	広告制作料、媒体手数料など
道路旅客運送業	旅客運賃、手荷物運賃、物品保管料、広告料など
道路貨物運送業	物流事業収益、構内作業及び機械荷役事業収益など
不動産取引業	不動産販売高、代理手数料収入、仲介手数料収入など
駐車場業	駐車料金、月ぎめ契約料金など
マンション管理業	マンション管理費など
物品賃貸業	賃貸料、リース料、レンタル料など
公認会計士事務所	報酬、契約料など
ホテル業	室料、料理・飲料代など
取次店	取次手数料（クリーニングや写真（現像・焼付・引伸）などの取次手数料）
理容業・美容業	整髪料、パーマ代、カット代、メイク代、着付け代など
旅行業	運送、宿泊等の契約料など
結婚式場業	結婚式代、披露宴代など
写真業	写真撮影料、フィルム現像料、焼付料、引伸料など
学習塾	授業料、月謝など
病院	入院診療収益、室料差額収益、外来診療収益、保健予防活動収益、医療保険からの受取保険料など
療術業	あん摩料、マッサージ料、指圧料、医療保険からの受取保険料など
特別養護老人ホーム	介護報酬、利用者負担金、基本食事サービス代、介護保険からの受取保険料など
有料老人ホーム	入居金、介護報酬、管理費、食費、個別有料サービス代、介護保険からの受取保険料など
産業廃棄物処理業	運搬料金、中間処理料金、最終処分料金、自治体等からの受託料など
自動車整備業	車検整備代、定期点検整備代、事故整備代など
職業紹介・労働者派遣業	人材派遣・請負、人材紹介事業収入、アウトソーシング事業収入など
建物サービス業	ビル清掃契約料、保守料など
受託販売業・委託販売業	受託販売によって得た販売手数料収入や、委託先で販売した実際の販売額
その他	商品や製品などを自家用に消費したり他人に贈与した場合の、金額に換算した額

売上高（収入額）に含めないもの

○預金・有価証券などから生じた**事業外の利子・配当収入**
○**事業外**で有価証券、土地や建物などの財産（資産）を売却して得た収入
○**借入金、繰越金**
○**本所・本社・本店などから支給される支所・支社・支店の運営経費**
○**事業活動を継続するための収入**（運営費交付金、寄付金、献金、補助金、会費、会員の負担金など）

2．貴事業所の主な事業活動の種類 ※1か月目用調査票のみ記入していただきます。

※記載してある事業活動と現在行っている主な事業活動が同じであれば、その右の選択肢の「1 はい」に、異なる場合は「2 いいえ」に○を付けてください。	貴事業所の主な事業活動	選択肢に○を付けてください	現在行っている主な事業活動の内容を記入してください（左の選択肢で「2 いいえ」を選択した場合のみ）
	76-06 その他の飲食店	1 ②→76-01 はい いいえ	食堂、レストラン（和食・洋食・中華等各種料理を提供）

● **「主な事業活動の種類」**としてあらかじめ記載されている事業活動が、現在の事業活動と相違ない場合は「1　はい」に○印を付けてください。異なる場合は「2　いいえ」に○印を付けて、正しい事業活動名及びそれに対応する分類番号（別冊「事業活動一覧」を参照）を右側の記入欄に記入してください。

● 主な事業活動がサービス産業以外であれば、分類番号を「10-00」として記入し、具体的にどのような事業を行っているのか記入してください。ご記入内容について照会させていただく場合があります。

1．記入のしかた

3．貴事業所の月末の事業従事者数　※月次調査票は『2．貴事業所の月末の事業従事者数』

	3.(1)貴事業所に所属する従業者数（出向又は派遣として他の企業など別経営の事業所で働いている人は含みません。）					3.(2) 受入者 3.(1)のほかに他の企業などからきて（出向又は派遣）貴事業所で働いている人
	① 有給役員 個人業主 無給の家族従業者	常用雇用者 ② 正社員・正職員 としている人	③ ②以外の人 （パート・アルバイトなど）	④ 臨時雇用者 （③以外のパート・アルバイトなどを含む）	総数 （①〜④の合計）	
前月	0 人	2 人	1 人	1 人	4 人	1 人
今月	0 人	2 人	2 人	1 人	5 人	0 人

3.(1) 貴事業所に所属する従業者数

● 「① 有給役員」とは、個人経営以外の場合で、役員報酬を得ている人をいいます。

● 「① 個人業主」とは、個人経営の事業主をいいます。個人が共同で事業を行っている場合、そのうちの1人を個人業主とし、他の人は常用雇用者としてください。

● 「① 無給の家族従業者」とは、個人業主の家族などで、賃金や給与を受けずに、事業所を手伝っている人をいいます。

● 「常用雇用者」とは、以下の要件のいずれかに該当する人をいいます。

　　・雇用期間を定めないで雇用している人

　　・1か月以上の雇用期間を定めて雇用している人

　◇ 「② 正社員・正職員としている人」とは、以下の人をいいます。

　　・　常用雇用者に該当する人のうち、正社員・正職員として処遇している人

　　・　一般的に、雇用契約期間に定めがなく（定年制を含む。）、貴事業所で定められている1週間の所定労働時間で働いている人

　◇ 「③ ②以外の人（パート・アルバイトなど）」とは、常用雇用者のうち、契約社員、嘱託社員、パートタイマー、アルバイトなど「正社員・正職員としている人」以外の人をいいます。

● 「④ 臨時雇用者（③以外のパート・アルバイトなどを含む）」とは、常用雇用者以外の雇用者で、1か月未満の期間を定めて雇用されている人や、日々雇用されている人をいいます。

● ①〜④に、出向又は派遣として他の企業などで働いている人を含みません。

「総数（①〜④の合計）」

　　（1）の①〜④欄を合算して記入してください。

3.(2) 受入者

● 労働者派遣法でいう派遣労働者のほかに、在籍出向など出向元に籍がありながら、貴事業所で働いている人をいいます。

● 業務委託の人は含めないでください。

※該当者がいない場合には空欄にせず「0」人と記入してください。

〔備考欄②〕

〔備考欄②〕貴事業所について、大きな変化があった場合は、その状況を記入してください。	
現在、店舗の拡張工事を実施中。 3月1日から店舗を拡張してリニューアルオープン。	1 今月他社（団体等）との合併があった 2 今月分社化（法人の分割）があった 3 今月資本金の変更があった

● 貴事業所について、大きな変化があった場合は、その状況を記入してください。

「指定管理者制度」を導入している事業所の記入方法

「指定管理者制度」とは、地方自治体が所管する**公の施設の管理・運営を、指定した民間事業者等（指定管理者）に委任する制度**のことです。

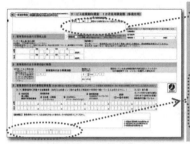

《調査対象事業所の名称・所在地》欄に印字されている事業所が調査事業所です。地方公共団体と指定管理者の両方に対して調査を実施する場合がありますので、調査対象をご確認のうえ、ご記入をお願いいたします。

※1 調査票下部の数字末尾が「**2**」…調査対象は 地方公共団体

1	2	3	4	5	6	7	8	9	0	1	2	3	*	4	5	2

※2 調査票下部の数字末尾が「**2**」以外…調査対象は 指定管理者

【例】「〇〇市立産業会館」が指定管理者制度を導入し、「××株式会社」が管理・運営しているケース

・従業員は総数5名。うち「××株式会社」の社員が4名、「〇〇市」の職員が1名である。
・「〇〇市」から指定管理者である「××株式会社」に対して指定管理料 2,000 千円（月額）が支払われている。
・「××株式会社」から「〇〇市」に納付金 1,000 千円（月額）が支払われている。
・利用者は、利用料を1回につき 500 円を支払っているが、そのうち「××株式会社」が 300 円、「〇〇市」が 200 円をそれぞれ受け取っている。
・調査当月の利用者数は 1,000 人である。

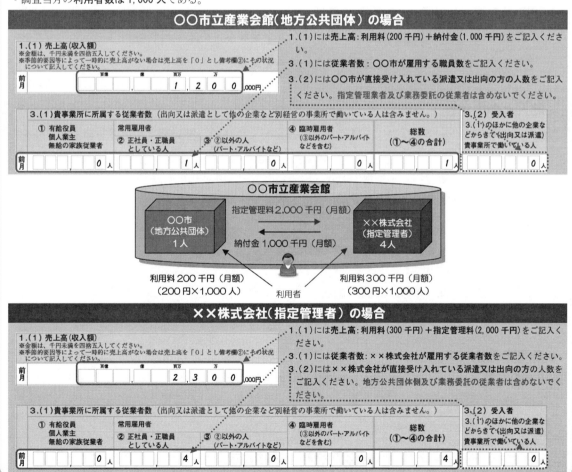

② 調査票（企業等用）の記入のしかた

2022.1更新

サービス産業動向調査
調査票（企業等用）の記入のしかた

政府統計

保存版 本書は調査終了まで使用します。大切に保管してください。

調査票を記入する前に、よくお読みください。

❖調査票の記入に当たっての留意事項

・ 企業等には、国・地方公共団体が運営する公営企業等を含めます。

・ 会社企業の場合は、**連結子会社を含まない単体を対象**とします。

＜記入上の注意点＞

・ 黒又は青のボールペンなどで、はっきり記入してください（摩擦熱でインクが消えるボールペンは使用しないでください）。

・ 内容を訂正する場合は、二重線で消し、正しい内容を記入してください。

・ 数字を記入する欄について、**売上がない場合や該当者がいない場合には空欄にせず、「０」と記入**してください。

・ 金額欄は、千円未満を四捨五入し千円単位で記入してください。また、「¥」記号は付けないでください。

・ 提出期限までに調査票のご提出を確認できない場合や、ご提出いただいた調査票に記入漏れなどがあった場合、後日、おたずねすることがあります。

❖調査票の回答方法

　調査票は、**インターネット又は、郵送によりご回答ください。**インターネットでの回答については、8ページ〜19ページの「2. オンライン使用ガイド」をご覧ください。

総務省統計局

HF-03

1. 記入 のしかた

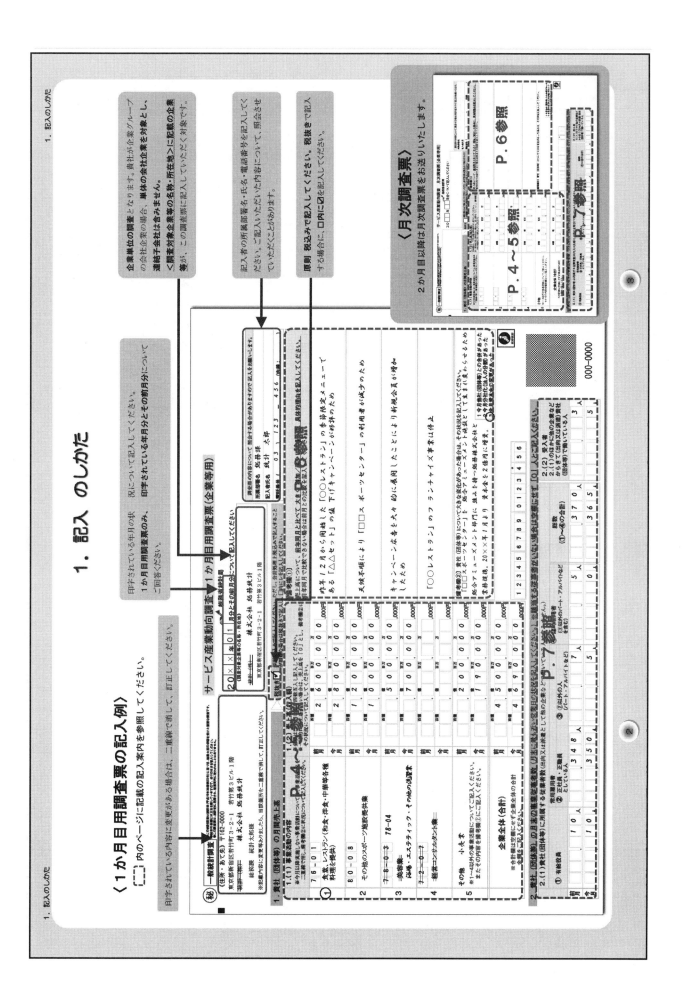

〈1か月目用調査票の記入例〉

[ ] 内のページに記載の記入案内の内容を参照してください。

印字されている内容に変更がある場合は、二重線で消して、訂正してください。

1．記入のしかた

1.　貴社（団体等）の月間売上高

1.（1）事業活動の内容

- 主要な事業活動の番号に「○」を記しています。

- 事業活動1〜4に印字された事業活動について、年間売上高（収入額）が大きいサービス業の事業活動（上位4つ）であるかを確認してください。

- 記載されている事業活動が異なる場合は、事業活動名等を二重線で消して、余白に正しい事業活動名及びそれに対応する分類番号（別冊「事業活動一覧」を参照）を記入してください。

- 印字された事業活動以外で、実施している事業活動があれば、事業活動名及びそれに対応する分類番号（別冊「事業活動一覧」を参照）を記入してください。

- 実施しないこととした事業活動は、事業活動名等を二重線で消してください。ただし、季節的要因等によって**一時的に休止している事業活動**については、事業活動名等を消さず「1.（2）売上高（収入額）」欄に**「0」と記入**してください。また、〔備考欄②〕欄にその理由を記入してください。

- **「5　その他」**には、事業活動1〜4以外のサービス業や、卸売業、小売業、製造業などサービス業以外の事業活動が含まれます。**「5　その他」**のうち主な事業活動についてはその内容を記入してください。

1.（2）売上高（収入額）

- **「1.（2）売上高（収入額）」**とは、貴社（団体等）において**サービス等を提供した対価として得られたもの**で、仕入高や給与などの**経費を差し引く前の金額**をいいます。
  売上高（収入額）は、この企業等における**全売上高（収入額）**を記入してください。

- 事業活動を継続するための収入（運営費交付金、寄付金、献金、補助金、会費、会員の負担金など）は含めないでください。

- **会社以外の法人及び法人でない団体**は、**事業活動によって得られた収入（利用料など）があればご記入く**ださい。

- 売上高を税抜き額で記入する場合は、**「税抜き　□」**にレを記入してください。

- 金額欄は、千円未満を四捨五入し千円単位で記入してください。

- 正確な売上高（収入額）がどうしても把握できない場合は、概算額を記入してください。

- 売上が発生しなかった月は「0」と記入し、その理由を〔備考欄②〕に記入してください。

- 事業活動1〜5の合計と「企業全体（合計）」が同額とならない場合は、**「5　その他」**で同額となるように**調整**してください。

売上高（収入額）に含めるもの

業種・業態	売上高(収入額)に含めるもの
新聞業・出版業	新聞売上高、広告収入など
広告業	広告制作料、媒体手数料など
道路旅客運送業	旅客運賃、手荷物運賃、物品保管料、広告料など
道路貨物運送業	物流事業収益、構内作業及び機械荷役事業収益など
不動産取引業	不動産販売高、代理手数料収入、仲介手数料収入など
駐車場業	駐車料金、月ぎめ契約料金など
マンション管理業	マンション管理費など
物品賃貸業	賃貸料、リース料、レンタル料など
公認会計士事務所	報酬、契約料など
ホテル業	室料、料理・飲料代など
取次店	取次手数料（クリーニングや写真（現像・焼付・引伸）などの取次手数料）
理容業・美容業	整髪料、パーマ代、カット代、メイク代、着付け代など
旅行業	運送、宿泊等の契約料など
結婚式場業	結婚式代、披露宴代など
写真業	写真撮影料、フィルム現像料、焼付料、引伸料など
学習塾	授業料、月謝など
病院	入院診療収益、室料差額収益、外来診療収益、保健予防活動収益、医療保険からの受取保険料など
療術業	あん摩料、マッサージ料、指圧料、医療保険からの受取保険料など
特別養護老人ホーム	介護報酬、利用者負担金、基本食事サービス代、介護保険からの受取保険料など
有料老人ホーム	入居金、介護報酬、管理費、食費、個別有料サービス代、介護保険からの受取保険料など
産業廃棄物処理業	運搬料金、中間処理料金、最終処分料金、自治体等からの受託料など
自動車整備業	車検整備代、定期点検整備代、事故整備代など
職業紹介・労働者派遣業	人材派遣・請負、人材紹介事業収入、アウトソーシング事業収入など
建物サービス業	ビル清掃契約料、保守料など
受託販売業・委託販売業	受託販売によって得た販売手数料収入や、委託先で販売した実際の販売額
その他	商品や製品などを自家用に消費したり他人に贈与した場合の、金額に換算した額

売上高（収入額）に含めないもの

- 預金・有価証券などから生じた**事業外の利子・配当収入**
- **事業外で**有価証券、土地や建物などの財産（資産）を売却して得た収入
- **借入金、繰越金**
- **事業活動を継続するための収入**（運営費交付金、寄付金、献金、補助金、会費、会員の負担金など）

売上高（収入額）の計上時点について

- **売上高（収入額）は、代金を受領した月ではなく、サービス等を提供した月に計上してください。**
  注）ソフトウェア開発などの長期にわたる事業については、進行状況に応じて計上してください。
- 売上高（収入額）は、**月初めから月末までの1か月間**の金額を記入してください。やむを得ない場合は、一定の日を定めてその日から1か月間の金額を記入することは差し支えありませんが、翌月以降の調査票においても同一の期間で記入してください。

1．記入のしかた

〔備考欄①〕

1．(2) 売上高 (収入額) ※金額は、千円未満を四捨五入し記入してください。 ※一時的に売上高がない場合は、売上高を「0」とし、備考欄②に その状況について記入してください。		〔備考欄①〕 売上高について、前年同月と比べて 大きく 増加／減少した場合は、具体的理由を記入してください。 前年同月で比較できない場合は前月との比較を記入してください。
前月	百億 億 百万 万 2,6 0 0,0 0 0,000円	昨年12月から開始した「○○レストラン」の季節限定メニューで ある「△△セット」の値下げキャンペーンが好評のため
今月	百億 億 百万 万 2,8 0 0,0 0 0,000円	

● それぞれの事業活動において売上高（収入額）が**前年同月に比べて大きな変化があった場合は、その具体的理由を記入**してください。

● 前年同月と比較できない場合は、前月と比較し売上高（収入額）の増減理由を記入してください。

〔備考欄②〕

〔備考欄②〕貴社 (団体等) について大きな変化があった場合は、その状況を記入してください。 「□□スポーツセンター」を総合アミューズメント施設として生まれ変わらせるため、 総合アミューズメント部門に強みを持つ総務株式会社と 業務提携。20××年1月より資本金を2億円に増資。	1 今月他社(団体等)との合併があった 2 今月分社化(法人の分割)があった ③今月資本金の変更があった

● 貴社（団体等）について、大きな変化があった場合は、その状況を記入してください。

● 特記事項の例として選択肢を設けましたので、該当する項目の番号に○を付けるなどによりご利用ください。

記入のしかた よくあるお問い合わせ①

Q1 あらかじめ印字されている事業活動が違っていますが、事業活動一覧に該当するものがありません。どのように記入したらよいですか。

A1 印字されている事業活動を二重線で消し、備考欄②に事業内容の詳細をご記入ください。後日お電話で照会させていただきます。

Q2 売上高（収入額）は、実際に入金された月に記入するのですか。

A2 実際に入金された月ではなく、**サービスを提供した月にご記入**ください。

２．貴社（団体等）の月末の事業従事者数

	2.(1)貴社(団体等)に所属する従業者数(出向又は派遣として他の企業などで働いている人は含みません。)					2.(2) 受入者 2.(1)のほかに他の企業などからきて(出向又は派遣)貴社(団体等)で働いている人
	① 有給役員	常用雇用者 ② 正社員・正職員 としている人	③ ②以外の人 （パート・アルバイトなど）	④ 臨時雇用者 （③以外のパート・アルバイトなど を含む）	総数 （①～④の合計）	
前月	10 人	348 人	7 人	5 人	370 人	3 人
今月	10 人	350 人	5 人	0 人	365 人	5 人

２．（１）貴社（団体等）に所属する従業者数

● 「① 有給役員」とは、個人経営以外の場合で、役員報酬を得ている人をいいます。

● 「常用雇用者」とは、以下の要件のいずれかに該当する人をいいます。
・ 雇用期間を定めないで雇用している人
・ 1か月以上の雇用期間を定めて雇用している人
◇ 「② 正社員・正職員としている人」とは、以下の人をいいます。
・ 常用雇用者に該当する人のうち、正社員・正職員として処遇している人
・ 一般的に、雇用契約期間に定めがなく（定年制を含む。）、貴社（団体等）で定められている1週間の所定労働時間で働いている人
◇ 「③ ②以外の人（パート・アルバイトなど）」とは、常用雇用者のうち、契約社員、嘱託社員、パートタイマー、アルバイトなど「正社員・正職員としている人」以外の人をいいます。
● 「④ 臨時雇用者（③以外のパート・アルバイトなどを含む）」とは、常用雇用者以外の雇用者で、1か月未満の期間を定めて雇用されている人や、日々雇用されている人をいいます。
● ①～④に、出向又は派遣として他の企業などで働いている人を含みません。

「総数（①～④の合計）」

（1）の①～④欄を合算して記入してください。

２．（２）受入者

● 労働者派遣法でいう派遣労働者のほかに、在籍出向など出向元に籍がありながら、貴社（団体等）で働いている人をいいます。
● 業務委託の人は含めないでください。
● 出向又は派遣で働いている従事者の人数が把握できない場合は、その旨を備考欄に記入してください。

※該当者がいない場合には空欄にせず「０」人と記入してください。

記入のしかた よくあるお問い合わせ②

Q 会社の有給役員が複数の会社で役員をしている場合は、それぞれ事業従事者として含めるのですか。

A ・役員報酬がそれぞれの会社から支給されている場合は、それぞれの「①有給役員」に含めてください。
・役員報酬がある出向役員は、支払元の「①有給役員」に含めてください。
・1社からのみ役員報酬を受けていて、他社では名目的な役員（無報酬）の場合は、他社の事業従事者には含めません。

付録7　第三次産業におけるサービス産業動向調査の調査対象産業

☐：サービス産業動向調査の対象
▨：サービス産業動向調査の対象外

産業分類	平成28年経済センサス - 活動調査結果（民営事業所）1)		平成26年経済センサス - 基礎調査結果（国、地方公共団体の事業所）1)	
	事業所数（事業所）	従業者数（人）	事業所数（事業所）	従業者数（人）
F　電気・ガス・熱供給・水道業	4,654	187,818	4,136	82,367
G　情報通信業	63,574	1,642,042	73	449
37　通信業	2,953	141,910	9	41
38　放送業	1,952	69,718	55	322
39　情報サービス業	34,576	1,077,081	8	85
40　インターネット附随サービス業	5,711	107,878	1	1
41　映像・音声・文字情報制作業	18,294	243,696	-	-
H　運輸業，郵便業	130,459	3,197,231	836	35,744
42　鉄道業	4,277	226,354	243	16,631
43　道路旅客運送業	23,028	514,236	138	12,439
44　道路貨物運送業	69,823	1,651,296	-	-
45　水運業	3,046	47,744	65	1,073
46　航空運輸業	922	50,901	-	-
47　倉庫業	10,605	201,073	-	-
48　運輸に附帯するサービス業	18,342	393,459	390	5,601
49　郵便業（信書便事業を含む）	355	111,268	-	-
I　卸売業，小売業	1,355,060	11,843,869	179	1,518
J　金融業，保険業	84,041	1,530,002	73	493
K　不動産業，物品賃貸業	353,155	1,462,395	832	4,414
68　不動産取引業	63,352	323,508	11	64
69　不動産賃貸業・管理業	260,042	845,185	814	4,314
70　物品賃貸業	29,197	284,287	7	36
L　学術研究，専門・技術サービス業	223,439	1,842,795	3,894	104,656
71　学術・開発研究機関	5,223	261,326	1,152	33,666
72　専門サービス業（他に分類されないもの）	115,043	646,580	1	14
73　広告業	9,282	127,639	-	-
74　技術サービス業（他に分類されないもの）	93,781	806,449	2,741	70,976
M　宿泊業，飲食サービス業	696,396	5,362,088	2,937	31,077
75　宿泊業	48,963	678,833	578	3,969
76　飲食店	590,847	4,120,279	82	551
77　持ち帰り・配達飲食サービス業	56,050	557,209	2,277	26,557
N　生活関連サービス業，娯楽業	470,713	2,420,557	4,075	31,534
78　洗濯・理容・美容・浴場業	358,523	1,142,326	330	2,967
79　その他の生活関連サービス業 2)	56,652	405,870	816	3,200
80　娯楽業	55,431	871,377	2,929	25,367
O　教育，学習支援業	167,662	1,827,596	54,125	1,339,283
81　学校教育	18,853	1,018,611	39,128	1,207,544
82　その他の教育，学習支援業	148,809	808,985	14,997	131,739
P　医療，福祉	429,173	7,374,844	28,250	741,152
83　医療業	253,942	3,841,308	1,949	284,258
84　保健衛生	2,169	63,921	2,512	66,485
85　社会保険・社会福祉・介護事業	172,733	3,464,165	23,789	390,409
Q　複合サービス事業	33,780	484,260	28	90
R　サービス業（他に分類されないもの）	346,616	4,759,845	7,066	81,414
88　廃棄物処理業	20,005	271,749	2,780	56,568
89　自動車整備業	54,699	244,049	39	464
90　機械等修理業（別掲を除く）	29,001	222,494	6	107
91　職業紹介・労働者派遣業	18,483	1,039,740	82	297
92　その他の事業サービス業	79,927	2,417,455	318	2,497
93　政治・経済・文化団体	48,753	263,808	2	17
94　宗教	90,774	258,057	-	-
95　その他のサービス業	3,944	34,092	3,839	21,464
96　外国公務	-	-	-	-
S　公務（他に分類されるものを除く）	-	-	39,734	1,896,579
第三次産業計	4,358,722	43,935,342	146,238	4,350,770
うちサービス産業動向調査の対象 3)	2,704,242	27,835,815	60,408	1,052,174

注1)　サービス産業動向調査の母集団情報は、2021年から民営事業所については「平成28年経済センサス - 活動調査」、
　　　国、地方公共団体の事業所については「平成26年経済センサス - 基礎調査」を基礎としている。
注2)　「家事サービス」を除く。
注3)　「純粋持株会社」、「保健所」、「社会保険事業団体」、「福祉事務所」及び中分類ごとに設けられている
　　　小分類「管理，補助的経済活動を行う事業所」を除く。

出典：平成28年経済センサス - 活動調査結果（総務省統計局・経済産業省）
　　：平成26年経済センサス - 基礎調査結果（総務省統計局）

（参考）調査対象産業に含まれる主な業種

産業分類	主な業種
G 情報通信業	
37 通信業	固定電気通信業 ／ 移動電気通信業
38 放送業	公共放送業 ／ 民間放送業 ／ 有線放送業
39 情報サービス業	ソフトウェア業 ／ 情報処理・提供サービス業
40 インターネット附随サービス業	インターネット附随サービス業
41 映像・音声・文字情報制作業	映像情報制作・配給業 ／ 音声情報制作業 ／ 新聞業 ／ 出版業 ／ 広告制作業
H 運輸業，郵便業	
42 鉄道業	鉄道業
43 道路旅客運送業	一般乗合旅客自動車運送業 ／ 一般乗用旅客自動車運送業 ／ 一般貸切旅客自動車運送業
44 道路貨物運送業	一般貨物自動車運送業 ／ 特定貨物自動車運送業 ／ 貨物軽自動車運送業 ／ 集配利用運送業
45 水運業	外航海運業 ／ 沿海海運業 ／ 内陸水運業 ／ 船舶貸渡業
47 倉庫業	倉庫業 ／ 冷蔵倉庫業
48 運輸に附帯するサービス業	港湾運送業 ／ 貨物運送取扱業 ／ 運送代理店 ／ こん包業 ／ 運輸施設提供業
4* 航空運輸業，郵便業(信書便事業を含む)	航空運送業 ／ 航空機使用業 ／ 郵便業(信書便事業を含む)
K 不動産業，物品賃貸業	
68 不動産取引業	建物売買業，土地売買業 ／ 不動産代理業・仲介業
69 不動産賃貸業・管理業	不動産賃貸業 ／ 貸家業，貸間業 ／ 駐車場業 ／ 不動産管理業
70 物品賃貸業	各種物品賃貸業 ／ 産業用機械器具賃貸業 ／ 事務用機械器具賃貸業 ／ 自動車賃貸業 ／ スポーツ・娯楽用品賃貸業
L 学術研究，専門・技術サービス業 1)	
72 専門サービス業(他に分類されないもの) 2)	法律事務所，特許事務所 ／ 公証人役場，司法書士事務所，土地家屋調査士事務所 ／ 行政書士事務所 ／ 公認会計士事務所，税理士事務所 ／ 社会保険労務士事務所 ／ デザイン業 ／ 著述・芸術家業 ／ 経営コンサルタント業
73 広告業	広告業
74 技術サービス業(他に分類されないもの)	獣医業 ／ 土木建築サービス業 ／ 機械設計業 ／ 商品・非破壊検査業 ／ 計量証明業 ／ 写真業
M 宿泊業，飲食サービス業	
75 宿泊業	旅館，ホテル ／ 簡易宿所 ／ 下宿業
76 飲食店	食堂，レストラン ／ 専門料理店 ／ そば・うどん店 ／ すし店 ／ 酒場，ビヤホール ／ バー，キャバレー，ナイトクラブ ／ 喫茶店
77 持ち帰り・配達飲食サービス業	持ち帰り飲食サービス業 ／ 配達飲食サービス業
N 生活関連サービス業，娯楽業	
78 洗濯・理容・美容・浴場業	洗濯業 ／ 理容業 ／ 美容業 ／ 一般公衆浴場業
79 その他の生活関連サービス業 3)	旅行業 ／ 衣服裁縫修理業 ／ 物品預り業 ／ 火葬・墓地管理業 ／ 冠婚葬祭業
80 娯楽業	映画館 ／ 興行場，興行団 ／ 競輪・競馬等の競走場，競技団 ／ スポーツ施設提供業 ／ 公園，遊園地 ／ 遊戯場
O 教育，学習支援業 4)	
82 その他の教育，学習支援業	
82a 社会教育，職業・教育支援施設	社会教育 ／ 職業・教育支援施設
82b 学習塾，教養・技能教授業	学習塾 ／ 教養・技能教授業
P 医療，福祉	
83 医療業	病院 ／ 一般診療所 ／ 歯科診療所 ／ 助産・看護業 ／ 療術業
84 保健衛生 5)	健康相談施設
85 社会保険・社会福祉・介護事業 6)	児童福祉事業 ／ 老人福祉・介護事業 ／ 障害者福祉事業
R サービス業(他に分類されないもの) 7)	
88 廃棄物処理業	一般廃棄物処理業 ／ 産業廃棄物処理業
89 自動車整備業	自動車整備業
90 機械等修理業(別掲を除く)	機械修理業 ／ 電気機械器具修理業 ／ 表具業
91 職業紹介・労働者派遣業	職業紹介業 ／ 労働者派遣業
92 その他の事業サービス業	速記・ワープロ入力・複写業 ／ 建物サービス業 ／ 警備業
95 その他のサービス業	集会場 ／ と畜場

注1)「学術・開発研究機関」を除く。
注2)「純粋持株会社」を除く。
注3)「家事サービス業」を除く。
注4)「学校教育」を除く。
注5)「保健所」を除く。
注6)「社会保険事業団体」及び「福祉事務所」を除く。
注7)「政治・経済・文化団体」、「宗教」及び「外国公務」を除く。

付録8 サービス統計の国際比較

主要国の売上高等の前年比（2021年）

単位：%

日本（売上高）

産業	前年比
情報通信業	1.8
運輸業, 郵便業	3.4
金融業, 保険業	-2.9
不動産業, 物品賃貸業	14.1
学術研究, 専門・技術サービス業	1.3
宿泊業, 飲食サービス業	-11.7
生活関連サービス業, 娯楽業	0.2
教育, 学習支援業	1.8
医療, 福祉	2.4
サービス業（他に分類されないもの）	2.3

アメリカ（営業収益）

電気・ガス・水道	11.8
情報サービス業	13.1
運輸業, 倉庫業	23.3
金融業, 保険業	6.2
不動産業, 物品賃貸業	14.1
専門・科学・技術サービス業	12.2
宿泊業, 飲食サービス業	32.6
芸術・娯楽業	34.0
教育・学習支援業	19.0
医療・福祉	9.7
事業サービス, 廃棄物管理, 浄化活動（公的サービスを除く）	15.2
他のサービス業（公的サービスを除く）	22.0

カナダ（経常収入）

産業	前年比
ソフトウェア制作業	24.1
データ処理, ホスティング及び関連業	15.1
コンピュータシステム開発及び関連業	16.6
不動産賃貸・管理業	3.6
不動産仲介業	38.1
不動産鑑定士	27.5
自動車賃貸業	8.9
産業機械器具賃貸業	14.2
個人・家庭用品賃貸業	5.4
会計サービス業	8.9
コンサルティング業	9.7
広告業	12.6
建築サービス業	14.4
測量業	14.8
エンジニアリングサービス業	4.5
宿泊業	14.7
飲食店	14.3
旅行会社	-36.4
ツアーオペレーター	-78.9
その他の旅行関連業	-19.8
観戦スポーツ	-3.4
興行場・興行団	-2.4
芸術家・スポーツ選手・芸人等の事務所・マネージャー	19.0
無所属の芸術家・作家・役者	32.1
遊園地・ゲームセンター	46.9
その他の娯楽業	0.3
自動車修理・整備業	7.4
電気・産業機械器具（修理・整備業）	9.5
労働者派遣業	15.0

イギリス（売上高）

産業	前年比
情報通信業	8.3
運輸業, 倉庫業	12.4
不動産業	5.8
物品賃貸業	20.0
専門・科学・技術サービス業	10.5
宿泊業, 飲食サービス業	32.5
旅行業	-12.0
芸術・娯楽業	8.3
教育	9.0
保健衛生・社会事業	12.7
自動車及び自動二輪車の前売業, 小売業, 整備業	16.4
職業紹介・労働者派遣業	7.3
整備・調査業	15.2
建物・景観サービス業	5.0
事業者向けのサービス業	23.3
その他のサービス業	12.4

韓国（売上高, 数量指数）

情報通信業	12.2
運輸業, 倉庫業	4.2
卸売業, 小売業	5.3
金融業, 保険業	8.0
不動産業	2.3
専門・科学・技術サービス業	2.8
宿泊業, 飲食サービス業	1.9
修理業, 他の個人サービス業	1.9
芸術・スポーツ・娯楽業	15.4
教育	1.5
保健衛生・社会事業	5.1
上下水道, 廃棄物処理, 材料再生, 浄化活動	2.3
事業施設管理・事務サービス・物品賃貸業	2.3

資料： 総務省統計局, アメリカ商務省センサス局, カナダ統計局, イギリス国家統計局, 韓国統計庁
(注1) 各国の産業分類名は仮訳。
(注2) 計数は2023年7月現在
(注3) 空欄の枠は, 該当する産業の結果が得られないことを表す。また, カナダについては, 業種を抜粋して掲載している。
(注4) アメリカ, カナダ及びイギリスの前年比は, 統計局において, 各国が公表している売上高を用いて算出している。
(注5) アメリカの「運輸業, 倉庫業」の前年比は, 統計局において, 内訳となる下位産業の売上高を合計した上で産業の売上高を算出している。

主要国のサービス統計の概要

項目	日本	アメリカ（四半期）	アメリカ（年次）	カナダ	イギリス（月次）	イギリス（年次）	韓国（月次）	韓国（年次）
調査名	サービス産業動向調査	四半期サービス産業調査	年次サービス産業調査	年次サービス産業調査	月次ビジネス調査	年次ビジネス調査	月次サービス産業調査	年次サービス産業調査
作成期間	総務省統計局	センサス局		統計局	国家統計局		統計庁	
調査周期	月	四半期	年	年（一部の業種は隔年）	月	年	月	年（経済センサスを除く）
調査方法	郵送、オンライン	郵送、FAX、オンライン、電話	郵送、オンライン	オンライン、郵送、電話、その他の電子媒体	電話、郵送、オンライン	郵送、オンライン	調査員、CASI※、オンライン、電話、FAX	年
回答義務	なし	なし	あり	あり	あり	あり	あり	あり
調査対象数	3.7万事業所・企業等	2.0万企業	7.8万企業	2.2万企業・事業所	3.4万企業	6.2万企業	1.7万事業所	20.0万事業所
調査の母集団	経済センサス‐活動調査 経済センサス‐基礎調査	ビジネスレジスター		ビジネスレジスター	ビジネスレジスター		経済センサス	
調査対象産業（全業種共通事項）	以下の業種を除くサービス産業 卸売・小売業、金融・保険業、学校教育、政治・経済・文化団体、宗教等	卸売業、小売業、マネジメント業、飲食店、鉄道業、郵便業を除くサービス産業	卸売業、小売業、マネジメント業を除くサービス産業	以下の業種を除くサービス産業 運輸業、放送業、法律サービス業、学術研究機関、ビジネス支援業、娯楽物処理業、警備業、娯楽・福祉、医療、政治、経済団体、宗教	以下の業種を除くサービス産業と製造業 公営病院、諸博物施設、芸術・娯楽施設、初等・中等教育等	以下の業種を除く全産業 農林業の一部、金融・保険業、公務・国防、公営教育機関、公営病院、歯科医療、病院外の医療	公共行政を除く全サービス産業	以下の業種を除く全サービス産業 運輸業、金融業、保険業
公的部門の扱い	調査対象	病院、カジノのみ調査対象		調査対象外	調査対象外	調査対象	調査対象外	
調査事項（全業種共通事項）	売上高 事業従事者数	収入総額及びその内訳 支出総額及びその内訳別内訳	収入総額及びその内訳 支出総額及びその内訳 電子商取引の売上高	収入、支出、利益総額	売上高、輸出売上高、注文高、輸出注文者数、雇用者数（毎月ごと）	収入、支出、国際貿易、研究開発等（業種、企業規模による）	売上高及びその変動理由 事業従事者数 月間営業日数	売上高 事業従事者数
調査票の種類	4種類（事業所・企業等別1か月目とそれ以外）	18種類（業種等による）	91種類（業種等による）	41種類（業種による）	20種類以上（業種、月次・四半期別）	47種類（業種、企業規模による）	4種類（業種による）	
結果公表時期	翌々月末（速報）	2か月後の中旬（速報）	調査年度の終了から13か月以内	参照期間翌年の4月から10月	翌々月中旬	翌年の11月（速報）	翌月末（速報）	実施年の12月末（速報）
利活用	GDPの四半期別速報（QE）	・国民経済計算・産業連関表の作成 ・連邦準備銀行及び経済諮問委員会における動向把握 ・保健福祉省内における医療支出の動向分析		・全国及び州別の各産業の経済規模を示す公的指標	・国民経済計算、生産指標、サービス指標の作成 ・イングランド銀行及びイギリス財務省の経済見通し、政策決定等		・国・自治体における政策立案及び政策評価 ・国民経済計算の推計	

（※）CASI: 「コンピュータ支援型自記式調査」（Computer Assisted Self-administered Interview）の略称。
回答者が、調査主体によりあらかじめ用意されたコンピュータ等の電子端末に対して、自ら回答を入力する調査方式を指す。

Appendix 1
History of "the Monthly Survey on Service Industries"

In Japan, the service industries (tertiary industry) make up over 70% of the total GDP, and employ over 70% of the persons engaged in all industries. In order to accurately monitor the status of the service industries, a proper infrastructure for obtaining statistical data is required.

However, when it comes to statistical information, the data has been managed inconsistently from sub-sector to sub-sector.

This made the entire picture of the service industries unclear and hard to grasp it accurately. It not only made it difficult to use the data for the purpose of industrial statistics, but also restricted the use for GDP related statistics and inter-industry relations table. There was thus a strong demand for improvement of the statistical infrastructure. Especially for Quarterly Estimates (QE) of GDP basic statistics, there is an increasing demand to change the monthly statistical report, where data is limited to only certain sub-sectors, to one where the entire picture of the service industries can be observed statistically.

Because of these demands, in July 2008, Statistics Bureau of Japan established "the Monthly Survey on Service Industries" based on governmental policy regarding the development of the statistical infrastructure stated in "Basic Policies for Economic and Fiscal Management and Structural Reform 2006" (Cabinet Decision made on July 7, 2006).

In 2013, "An annual survey (expanded survey)" was launched to grasp the situation of service industries by detailed industrial classification or by region, mainly in response to the "Master Plan Concerning the Development of Official Statistics" (Cabinet Decision made on March 13, 2009) in which the importance of further developing the collection of statistical data on service business activities was stressed.

The annual survey (expanded survey) continued until the completion of survey in 2018 and has been integrated into "The Economic Conditions Survey" from a perspective of promoting systematic development in economic statistics, according to "Master Plan Concerning the Development of Official Statistics" (Cabinet Decision made on March 6, 2018).

The result of the Monthly Survey on Service Industry is currently utilized as basic data for estimating GDP and it is expected to be employed in a wider range of fields in the future.

**Overview of Committee and Governmental Decisions and Activities
regarding "the Monthly Survey on Service Industries"**

Toward the Structural Reform of Government Statistics

(Report published on June 10, 2005 by the Economic and Social Statistics Development Promotion Committee, Cabinet Office)

· "In order to improve the accuracy of economic indices, including quarterly estimates, developing dynamic statistics that provide monthly data on production and employment in service industries where dynamic statistics are not fully developed."

· "Once appropriate population registers have been compiled by the Economic Census (tentative title), structural statistics need to be developed that will provide a wide range of information on service industries obtained from sample surveys designed to analyze the structural aspects of service industries and improve the accuracy of GDP-related statistics and input-output tables."

Basic Policies for Economic and Fiscal Management and Structural Reform

(Cabinet Decision made on July 7, 2006)

· "Implement activities for the fundamental expansion of statistics on service industries including the establishment in FY2008 of statistics for grasping on a monthly basis the general situation of production, employment, etc. of the overall services industry."

 Establishment of "the Monthly Survey on Service Industries" (July, 2008)

Master Plan Concerning the Development of Official Statistics (Cabinet Decision made on March 13, 2009)
· "Although there has been steady progress in the development of statistics related to service activities as described above, further promotion is necessary in the future."

Basic Views Regarding the Immediate Challenges and Countermeasures for the Development of Official Statistics

(Statistics Commission, June 18, 2010)

· "Since July 2008, "the Monthly Survey on Service Industries" which collects broad-based data on the service industries such as sales has been conducted on a monthly basis. In addition, it is expected that exhaustive understanding of economic activities including the service industries will be obtained also by implementing the Economic Census which is a periodic survey. In addition to implementing these statistics development activities steadily, further efforts are required for the development of the service industries-related statistics such as activities regarding areas for which data collection for structural understanding on a yearly basis has not been developed yet."

 Review of "the Monthly Survey on Service Industries" (January, 2013)
· A new survey method for enterprises, etc. with a capital of 100 million yen and above was included to the survey. Annual sales and the number of workers of a whole enterprise, etc. are surveyed by business activity in the reviewed survey.
· An annual survey (expanded survey), which covers approx. 40,000 additional establishments as well as the coverage of the monthly survey, was established in 2013. The annual sales by prefectures are surveyed in the survey.

Master Plan Concerning the Development of Official Statistics (Cabinet Decision made on March 6, 2018)
· "Regarding the Economic Structure Statistics in interim years of the Economic Census for Business Activity, relevant ministries shall rearrange relevant Fundamental Statistical Surveys and newly comprehend and provide the actual situation in the interim years including changes in the structure from a benchmark year, in addition to the conventional objectives and roles to develop and provide population information in Economic Structure Statistics."

 Establishment of "the Economic Conditions Survey" (2019)
· An annual survey (expanded survey) was ended in 2018 survey and merged into the Economic Conditions Survey.

Figure
Changes of Industrial Structure

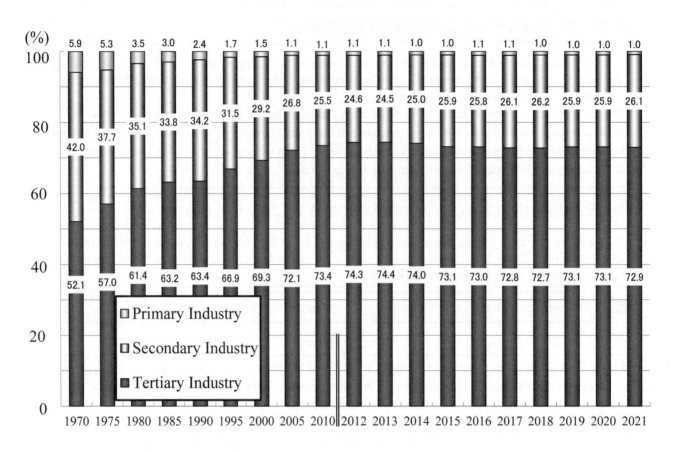

Source: Annual Report on National Accounts for 2021 (Economic and Social Research Institute, Cabinet Office)
Based on 68SNA until 1975, 93SNA from 1980 to 1990, 08SNA since 1995.

Table
Coverage Rate of "the Monthly Survey on Service Industries"

	All industries	Tertiary industry	Industry Coverage of "the Monthly Survey on Service Industries"	Source
Number of Establishments	100.0%	82.1%	50.4%	2016 Economic Census for Business Activity (Ministry of Internal Affairs and Communications, Ministry of Economy, Trade and Industry) 2014 Economic Census for Business Frame (Ministry of Internal Affairs and Communications)
Number of Persons Engaged	100.0%	78.9%	47.2%	2016 Economic Census for Business Activity (Ministry of Internal Affairs and Communications, Ministry of Economy, Trade and Industry) 2014 Economic Census for Business Frame (Ministry of Internal Affairs and Communications)
GDP	100.0%	72.9%	47.0%	Annual Report on National Accounts for 2021 (Cabinet Office)

Appendix 2

Outline of "the Monthly Survey on Service Industries"

1 Survey Objective

The main aim of the survey is to provide the best possible estimates of sales and persons working at the location of establishment for the service industries and subsequently to enhance the accuracy of economic indicators such as Quarterly Estimates (QE) of GDP.

2 Legal Basis

This survey has been conducted as the general statistical survey pursuant to the provision of the Statistics Act (Act No.53 of 2007).

3 Establishments and Enterprises, etc. Surveyed

The population of the survey is based on the 2016 Economic Census for Business Activity and the 2014 Economic Census for Business Frame. Establishments and enterprises, etc. surveyed are selected using a statistical method[*1] from establishments and enterprises, etc. throughout the country mainly engaging in the service sector[*2]. About 37,000 establishments and enterprises, etc. are surveyed.

*1 Refer to Appendix 3 for details on the selection method.
*2 Refer to Appendix 6 for details on sub-sectors covered by this survey.

4 Types of Questionnaires and Survey Items

(1) Types of Questionnaires

"Questionnaire for the first month" is used at the beginning of the survey while the "Monthly questionnaire" is used from the second month and onward. Both questionnaires have two types: one for establishments and another for enterprises, etc.

(2) Survey Items

Questionnaire items are presented in the table shown below.

		Monthly sales	Categories of main business of establishments	Number of persons working at the location of establishment and breakdowns
For establishments	Questionnaire for the first month	○ (*)	○	○ (*)
	Monthly questionnaire	○	-	○
For enterprises, etc.	Questionnaire for the first month	○(*) (By business activity)	-	○ (*)
	Monthly questionnaire	○ (By business activity)	-	○

*Each survey item of survey month and the previous month is surveyed.

Note: Survey item "Demand situation" was deleted since January 2017.

5 Implementation of the Survey

The Statistics Bureau of Japan (SBJ) entrusts the implementation of the survey to research companies. Questionnaires are distributed and collected by mail or online.

However, for establishments for which questionnaires have yet to be collected, the enumerators can directly visit the surveyed establishment and collect questionnaires.

<About burden reduction measures>

In order to reduce the burden on respondents, if the surveyed business establishments or enterprises, etc. of this survey overlap with the statistical survey* conducted by the Ministry of Economy, Trade and Industry, we do not distribute the questionnaire of our surveys. Instead, we receive the questionnaire information obtained from the survey conducted by the METI.

*"Survey of Selected Service Industries"

6 Tabulation of the Survey

The SBJ entrusts the tabulation to the National Statistics Center.

7 Release of the Survey Results

The results are shown on the SBJ website and laid open for public inspection.

- Preliminary report: In principle, released in late the second month after the survey month.
- Final report: In principle, released in late the fifth month after the survey month.

Appendix 3
Sampling Method, Estimation Method of Results and Sampling Error of the Estimates

1 Sampling Method

Using statistical methods, "the Monthly Survey on Service Industries" takes samples from establishments and enterprises, etc. throughout the country that existed at the time of the 2016 Economic Census for Business Activity and the 2014 Economic Census for Business Frame engaging mainly in the industries listed in (1) below. Sample sizes are as follows.

Establishments; Approximately 25,000

Enterprises, etc.; Approximately 12,000

Note: The population of the survey is changed as follows since 2021.
Privately owned establishments: Change from the 2014 Economic Census for Business Frame to the 2016 Economic Census for Business Activity.
National and local governments establishments: No change (2014 Economic Census for Business Frame) Establishments, enterprises, etc. are extracted based on the 2016 Economic Census for Business Activity and the 2014 Economic Census for Business Frame. Establishments and enterprises, etc. newly established after the implementation of the 2016 Economic Census for Business Activity and the 2014 Economic Census for Business Frame are also added to the population to implement appropriate sampling, based on various information collected in the subsequent years. When an establishment closes down, a replacement establishment is selected and added to the subjects of the survey.

(1) Coverage of the Survey (Refer to Appendix 6)

The survey covers industries classified in divisions designated by the Japan Standard Industrial Classification (Rev.13, October 2013) as shown below (except for the group "Establishments engaged in administrative or ancillary economic activities" set for each major group).

- G Information and communications
- H Transport and postal activities
- K Real estate and goods rental and leasing
- L Scientific research, professional and technical services
  *Excluding the major group "71 Scientific and development research institutes" and the industry "7282 Pure holding companies"
- M Accommodations, eating and drinking services
- N Living-related and personal services and amusement services
  *Excluding the group "792 Domestic services"
- O Education, learning support
  *Excluding the major group "81 School education"
- P Medical, health care and welfare
  *Excluding the group "841 Public health centers", "851 Social insurance organizations" and "852 Welfare offices"
- R Services, n.e.c.
  * Excluding the major group "93 Political, business and cultural organizations", "94 Religion" and "96 Foreign governments and international agencies in Japan"

(2) Sampling and Sample Rotation

A. Enterprises, etc. (census group)

(a) The survey is conducted on all enterprises, etc. mainly engaging in the following industries.

(i) Group "371 Fixed telecommunications"

(ii) Group "372 Mobile telecommunications"

(iii) Group "381 Public broadcasting except cablecasting"

(iv) Major group "42 Railway transport"

(v) Major group "46 Air transport"

(vi) Major group "49 Postal activities including mail delivery service"

(b) The survey is conducted on all enterprises mainly engaging in the service industries other than those in (a) above, with capital, investment, or funds worth 100 million yen or more.

(c) The survey is conducted on a continuing basis without being replaced.

B. Establishments (census or sample survey group)

Establishments are extracted from those mainly engaging in service industries other than those in A.(a) above, excluding establishments that belong to the enterprises, etc. falling under the A.(a) and (b) above.

(a) The Census is conducted continuously for establishments over a certain scale.

(b) The sample survey is conducted for establishments other than (a) above. In principle, the survey continues for two years.

2 Estimation Method of Results

The results of the Monthly Survey are aggregated by adding the estimates of enterprises etc. and establishments. These estimates are calculated after complementing missing values and correcting inconsistencies in answers by using the Economic Census and other public information of survey objects.

The sales and the number of persons working at the location of establishment (hereinafter called "the number of persons") are calculated based on the results of the 2016 Economic Census for Business Activity and the 2014 Economic Census for Business Frame, etc. The formula is as follows:

Estimate of total sales or estimate of the number of persons: $\hat{T}_x = \sum_{h=1}^{L} W_h \sum_{i=1}^{n_h} x_{hi}$

h : Strata by industry, size of the number of persons and type of survey (census or sample)

W_h: Weight, $\dfrac{N_h}{n_h}$ ($N_h = n_h$ and $W_h = 1$ for census survey)

L : Number of strata

N_h: Number of population establishments in h-th stratum

n_h: Number of survey establishments in h-th stratum

x_{hi}: Sales or the number of persons for i-th establishment in h-th stratum

3　Sampling Error of the Estimates

Sampling errors for total sales are estimated by the following formula. The results can be seen in the table.

The standard error rate (%):

$$\hat{\sigma}_{T_x} \ / \ \hat{T}_x \ \times 100$$

Standard error of total sales:

$$\hat{\sigma}_{T_x} = \sqrt{\sum_{h=1}^{L} N_h (N_h - n_h) \frac{s_h^2}{n_h}}$$

Sampling variance for sales in h-th stratum:

$$s_h^2 = \frac{1}{n_h - 1} \sum_{i=1}^{n_h} (x_{hi} - \bar{x}_h)^2$$

Mean of sales in h-th stratum:

$$\bar{x}_h = \frac{1}{n_h} \sum_{i=1}^{n_h} x_{hi}$$

(%)

Table Sampling Error for Monthly Sales of the Estimates by Industry

Industry (medium groups)	Jan.	Feb.	Mar.	Apr.	May	Jun.	Jul.	Aug.	Sep.	Oct.	Nov.	Dec.
						2022						
Service industry	0.9	0.9	0.9	0.9	0.9	0.8	0.9	0.9	0.9	0.9	0.8	0.9
G Information and communications	2.1	1.3	2.2	1.5	1.1	1.3	1.2	1.1	2.1	1.2	1.2	2.5
37 Communications	0.2	0.3	0.2	0.2	0.3	0.2	0.2	0.2	0.2	0.2	0.2	0.2
38 Broadcasting	0.2	0.2	0.2	0.2	0.2	0.3	0.3	0.3	0.3	0.2	0.3	0.3
39 Information services	4.7	2.8	4.0	3.3	2.4	2.4	2.5	2.2	4.0	2.5	2.6	4.9
40 Internet based services	2.1	3.1	3.3	3.8	3.2	3.3	3.1	3.2	3.2	2.9	2.9	2.6
41 Video picture, sound information, character information production and distribution	3.3	2.5	3.9	3.6	3.2	2.7	3.0	3.1	2.7	2.7	2.7	2.9
H Transport and postal activities	2.5	2.4	2.3	2.2	2.1	2.2	2.2	2.2	2.2	2.2	2.3	2.2
42 Railway transport	-	-	-	-	-	-	-	-	-	-	-	-
43 Road passenger transport	4.3	4.0	3.9	3.8	4.3	4.4	4.1	4.2	4.0	4.0	4.2	4.3
44 Road freight transport	4.7	4.7	4.6	4.3	4.4	4.5	4.5	4.5	4.6	4.6	4.7	4.5
45 Water transport	4.3	4.4	3.8	4.0	3.6	3.5	3.7	3.4	3.6	3.5	3.7	3.7
47 Warehousing	10.1	10.3	9.9	10.9	10.1	10.9	10.5	10.1	10.0	10.9	10.6	10.1
48 Services incidental to transport	5.2	3.8	3.6	3.9	3.9	3.8	4.6	3.9	4.1	4.7	4.2	3.8
4* Air transport, postal activities, including mail delivery	-	-	-	-	-	-	-	-	-	-	-	-
K Real estate and goods rental and leasing	2.5	3.1	2.9	3.1	3.1	2.2	2.8	2.5	2.5	2.9	2.4	2.5
68 Real estate agencies	5.2	7.8	5.6	8.4	8.3	3.8	7.1	5.1	4.6	7.6	4.4	4.8
69 Real estate lessors and managers	2.9	3.0	2.9	2.9	3.0	3.0	3.0	3.0	3.1	3.2	3.2	3.2
70 Goods rental and leasing	5.9	5.8	5.8	5.7	5.6	5.4	5.8	5.7	5.8	5.7	5.7	5.4
L Scientific research, professional and technical services 1)	2.6	2.4	2.1	2.5	3.6	3.3	2.8	2.8	2.3	2.9	2.4	2.3
72 Professional services, n.e.c. 2)	2.1	2.3	2.2	2.3	2.2	2.4	2.3	2.6	2.1	2.3	2.2	2.2
73 Advertising	5.6	5.1	4.6	5.2	4.9	4.8	6.8	5.5	5.2	5.1	5.2	4.7
74 Technical services, n.e.c.	4.5	4.2	3.3	4.6	7.6	6.2	4.7	5.1	3.7	5.9	4.3	3.8
M Accommodations, eating and drinking services	1.8	1.9	1.8	1.8	1.9	1.8	1.9	2.1	1.9	1.9	1.9	1.9
75 Accommodations	6.3	7.1	6.2	6.3	6.1	6.3	6.1	6.2	6.1	6.1	5.9	6.3
76 Eating and drinking places	1.7	1.8	1.7	1.7	1.7	1.7	1.7	1.7	1.7	1.7	1.7	1.7
77 Food take out and delivery services	5.2	5.0	5.1	5.6	5.6	5.7	5.6	5.8	5.8	5.5	5.6	5.5
N Living-related and personal services and amusement services	4.1	4.0	4.0	3.9	3.8	3.8	4.0	4.1	4.0	3.8	3.8	3.9
78 Laundry, beauty and bath services	4.3	4.1	4.3	4.9	4.9	4.7	4.4	4.4	4.3	4.6	4.6	4.3
79 Miscellaneous living-related and personal services 3)	4.8	5.1	7.0	5.4	3.8	4.8	5.9	6.4	5.1	6.1	5.6	6.7
80 Services for amusement and hobbies	5.2	5.1	5.2	5.2	5.0	5.2	5.3	5.3	5.3	5.1	5.2	5.2
O Education, learning support 4)	3.3	3.6	3.4	3.6	4.0	3.5	3.7	3.2	3.4	3.3	3.6	3.4
82 Miscellaneous education, learning support	3.3	3.6	3.4	3.6	4.0	3.5	3.7	3.2	3.4	3.3	3.6	3.4
82a Social education and vocational and educational support facilities	6.7	7.2	7.1	7.5	7.2	7.1	6.8	6.9	6.6	6.8	6.7	7.3
82b Supplementary tutorial schools and instruction service for arts, culture and technicals	3.9	4.3	4.0	4.4	5.4	4.4	4.8	3.7	4.2	4.1	4.8	4.0
P Medical, health care and welfare	1.1	1.1	1.2	1.1	1.2	1.1	1.2	1.2	1.1	1.1	1.1	1.2
83 Medical and other health services	1.2	1.2	1.2	1.2	1.2	1.2	1.2	1.3	1.2	1.2	1.2	1.3
84 Public health and hygiene 5)	7.7	7.7	7.5	10.7	10.6	7.8	7.7	7.3	7.2	8.0	7.3	7.4
85 Social insurance and social welfare 6)	2.7	2.6	2.8	2.6	2.7	2.7	2.7	2.7	2.7	2.6	2.6	2.6
R Services, n.e.c. 7)	3.3	3.3	3.6	3.4	3.3	3.4	3.3	3.2	3.3	3.3	3.2	3.3
88 Waste disposal business	10.5	10.8	10.9	10.7	10.4	10.6	10.2	10.1	10.3	10.2	10.2	10.3
89 Automobile maintenance services	9.4	9.4	9.5	9.4	9.4	9.3	9.5	9.5	9.5	9.4	9.3	9.4
90 Machine, etc. repair services, except otherwise classified	3.8	4.4	5.3	4.0	4.0	3.9	3.7	3.7	4.2	3.8	3.9	4.2
91 Employment and worker dispatching services	8.3	8.1	9.1	9.0	8.0	8.1	7.8	8.0	7.8	7.7	7.7	7.8
92 Miscellaneous business services	4.9	5.0	5.6	4.7	4.9	5.2	5.1	4.9	5.0	5.0	4.9	5.1
95 Miscellaneous services	5.7	5.7	6.3	5.4	5.6	5.8	5.8	5.5	5.6	5.7	5.4	5.9

1) Excluding "scientific and development research institutes" 2) Excluding "pure holding companies" 3) Excluding "domestic services" 4) Excluding "school education" 5) Excluding "public health centers"
6) Excluding "social insurance organizations" and "welfare offices" 7) Excluding "political, business and cultural organizations", "religion" and "foreign governments and international agencies in Japan"

Appendix 4
Explanation of Terms

1 Establishments

An "establishment" is defined as a single physical location where an economic activity is conducted and as a general rule, the following prerequisites are satisfied:

- Economic activity is conducted, under a single business principal, occupying a certain place or plot of land.

- Production or supply of goods and services is conducted continuously with personnel and facilities provided for this purpose.

2 Enterprises, etc.

An "enterprise" is defined as a corporation (excluding foreign companies) conducting business activities or an establishment of individual proprietorship (if the enterprise is managed under individual proprietorship and the same manager manages multiple establishments, the establishments become collectively a single enterprise).

"Enterprise, etc." refers to those entities, including a part of public enterprises, etc. operated by an enterprise, the national government or a local government.

3 Sales

Refers to sales for supply of services and sales of article (including indirect tax, consumption tax, etc.) in the establishment or enterprise, etc. The sales are defined as total income from all operations of the establishment or enterprise, etc. including costs such as purchase amount and salaries.

[Those included in sales]

- Consignment sale --- Sales commission income
- Consignment sale --- Actual sales amount sold by a consignee
- Real estate agents/intermediary service providers --- Agent fee income, intermediary commission income, etc.
- Brokerage service provider --- Brokerage commission income (e.g. commission for cleaning or for photo development, printing or enlargement)
- Own consumption/donations --- When consuming goods or products on one's own or donating them, the amount obtained by converting them into money
- Medical and other health services/care services --- Insurance premiums received for medical insurance/nursing care insurance, and self-pay of the user
- "Corporations excluding companies" and "Organization other than corporations" --- Income gained by business activities

[Those not included in sales]

- Nonbusiness interest and dividend income, such as those accrued from deposits and securities
- Nonbusiness income gained from the sale of securities or properties such as land and buildings
- Borrowing and balance brought forward
- Expenses provided from headquarters and head offices for operating branch offices
- Income to continue a business or activity

    (operating grants, donations, contributions, subsidies, membership fees, contributions of members, etc.)

[Time of posting sales]

- For sales, those at the time of providing services, etc. are posted, rather than at the time of receiving payments.

    Examples:

    - o For installment sale, sales are posted at the time of providing services, etc.
    - o In case of supplementary tutorial schools, etc. tuitions for three months are received in a lump sum, they are divided and posted equally at each month of the period (three months) of giving classes.
    - o For a long-term project for software development, etc., they are posted depending on the status of progress.
- Sales are posted for one month from the beginning to the end of the month.

4   Persons Working at the Location of Establishment

Persons working at the location of establishment include all persons who are engaged in the business of the establishment or enterprise, etc. on the business day nearest the end of the month (excluding dispatched or temporarily transferred employees to other enterprises, but including those who work as dispatched or temporarily transferred employees from other enterprises).

Salaried directors

Those who receive a salary as an executive at a corporation or an organization other than an individual proprietorship.

Individual proprietors

Business owners of individual proprietorships. An establishment of an individual proprietorship must have only one individual proprietor.

Unpaid family workers

Those who are members of the family of an individual proprietor and help with the establishment's work but receive no wages or salaries.

Regular employees

Those who have been employed indefinitely or those who have been employed for more than one month.

Full-time employees

Those who are generally called fulltime regular employees and staff.

Other than full-time employees

Those who are generally called contract employees, entrusted employees, part time workers, temporary staff or so on.

Non-regular workers

Those who have been employed for a limited period of one month or less or employed on a day-to-day basis.

Persons Temporarily Transferred or Dispatched from Separately-managed Establishment or Enterprise, etc.

Those who come from other enterprises, etc. and work at an establishment or enterprise, etc. while remaining members of the transferring company, including cases of temporary transfer with enrollment in the transferring company, in addition to dispatched workers set forth in the Act for Securing the Proper Operation of Worker Dispatching Undertakings and Improved Working Conditions for Dispatched Workers (Act No. 88 of 1985).

5 Industry of Business Activity

Refers to an industry classification by unit of business activities conducted by an establishment and enterprise, etc. In enterprises, they are classified by each individual business activity. In establishment, they are deemed to conduct only a single business activity, and classified by major business activities of their own.

6 Industry of Establishment and Enterprises, etc.

Refers to an industry classification by unit of establishment and enterprises, etc., where establishments are classified according to business activities of the establishment, and enterprises, etc. are classified according to the entire major business activities including establishments under control of the enterprises, etc.

112

Appendix 5
Form of Questionnaire

1 Monthly Survey on Service Industries Questionnaire for the first month (for establishments)

Monthly Survey on Service Industries Questionnaire for the first month (for establishments)

Statistics Bureau, Ministry of Internal Affairs and Communications

General Statistical Survey

Year
2 0

Month

Please fill in for the preprinted month and the previous month.

Please fill in as it may be necessary to contact you.

Department

The name of the person who filled in the questionnaire

Telephone ( ) - (Extension)

1. Monthly sales (income), etc. of your establishment

Tax exclusion   Make entries including tax in principle. If it is difficult to do so for accounting purpose, make entries excluding tax and enter a check mark in the box

1.(1) Sales (income)
* Round amounts to the nearest 1,000.
* If no sales are not posted temporarily due to a seasonal factor, fill "0" in the sales column and enter the reason thereof in the remarks ① column

[Remarks ①]
If the monthly sales increased or decreased significantly compared with the same month a year earlier, enter the specific reason. If you cannot compare with the same month a year earlier, please enter the comparison with the previous month.

Present Month thousand yen

Previous Month thousand yen

2. Type of the major business activity of your establishment

Major business activity of your establishment

*If the business activity printed is the same as your current major activity, circle "1 Yes" at right. If that is different circle "2 No".

Describe your current major business activity.
(Only required if you circled "2 No" at left.)

Circle the appropriate number
1
2

Yes   No

3. Number of persons working at the location of establishment at the end of the month (Provide the figure for the business day closest to the end of the month) *If there is no applicable data for each column, fill in "0", not leaving it blank

3.(1) Number of persons engaged in your establishment (excluding dispatched or temporarily transferred employees to other establishments)

① Salaried directors
   Individual proprietors
   Unpaid family workers

Regular employees
② Full-time employees

③ Other than full-time employees (part-timers and temporary workers, etc.)

④ Non regular workers (including part-timers and temporary workers other than ③)

Total number (total of ① to ④)

3.(2) Persons temporarily transferred or dispatched from other enterprises, etc.

Present Month
Previous Month

Present   Previous
Person   Person

[Remarks ②] If any major changes have occurred with regard to your establishment, please provide details.

1 Merged with other companies (organizations, etc.) this month
2 Spun off into a separate entity (split of a corporation) this month
3 Capital changed this month

2 Monthly Survey on Service Industries Questionnaire for the first month (for enterprises, etc.)

Monthly Survey on Service Industries Questionnaire for the first month (for enterprises, etc.)

Statistics Bureau, Ministry of Internal Affairs and Communications

General Statistical Survey

Year 2 0　Month

Please fill in for the preprinted month and the previous month.

Please fill in as it may be necessary to contact you.

Department

The name of the person who filled in the questionnaire

Telephone　(　)　－　(Extension:　)

Make entries including tax in principle. If it is difficult to do so for accounting purpose, make entries excluding tax and enter a check mark in the box.

1. Monthly sales (income), etc. of your company (organization, etc.)

1.(1) Details of business activities
* For business activities which you decided not to implement from this month, use double lines to strike through the name of the business activities, and enter the situation in the remarks ② column by business activity

1.(2) Sales (income)
* Round amounts to the nearest 1,000.
* If no sales are posted temporarily, fill "0" in the sales column and enter the reason thereof in the remarks ② column

	Month		Thousand yen
1	Previous		
	Present		
2	Previous		
	Present		
3	Previous		
	Present		
4	Previous		
	Present		
Others	Previous		
* Provide the figure of business activities other than 1 to 4 and describe those business activities in the remarks ② column.	Present		
Entire enterprise (total)	Previous		
* Provide the total sales of the entire enterprise into the total column, not leaving it blank	Present		

[Remarks ①]
If the monthly sales increased or decreased significantly compared with the same month a year earlier, enter the specific reason. If you cannot compare with the same month a year earlier, please enter the comparison with the previous month.

[Remarks ②] If any major changes have occurred with regard to your company (organization, etc.), please provide details.

1 Merged with other companies (organization, etc.) this month
2 Spun off into a separate entity (split of a corporation) this month
3 Capital changed this month

2. Number of persons working at the location of establishment of your company (organization, etc.) (excluding dispatched or temporarily transferred employees to other enterprises, etc.)

2.(1) Number of persons engaged in your company (organization, etc.) at the end of the month (Provide the figure for the business day closest to the end of the month) * If there is no applicable data for each column fill in "0", not leaving it blank.

		Month		
① Salaried directors		Previous		
		Present		
Regular employees	② Full-time employees	Previous		
		Present		
	③ Other than full time employees (part-timers and temporary workers, etc.)	Previous		
		Present		
④ Non regular workers (including part-timers and temporary workers other than ③)		Previous		
		Present		
Total number (total of ① to ④)		Previous		
		Present		
2.(2) Persons temporarily transferred or dispatched from other enterprises, etc.		Previous		
		Present		

3 Monthly Survey on Service Industries Monthly Questionnaire (for establishments)

Monthly Survey on Service Industries Monthly Questionnaire (for establishments)

General Statistical Survey

Statistics Bureau, Ministry of Internal Affairs and Communications

Year Month

2 0

Please fill in for the preprinted month and the previous month.

Please fill in as it may be necessary to contact you.

Department

The name of the person who filled in the questionnaire

Telephone: (   )   -   (Extension:)

1. Monthly sales (income), etc. of your establishment

Tax exclusion ☐ Make entries including tax in principle. If it is difficult to do so for accounting purpose, make entries excluding tax and enter a check mark in the box

1. (1) Sales (income)

* Round amounts to the nearest 1,000.
* If no sales are posted temporarily due to a seasonal factor, fill "0" in the sales column and enter the reason thereof in the remarks ② column.

[Remarks ①]
If the the monthly sales increased or decreased significantly compared with the same month a year earlier, enter the specific reason. If you cannot compare with the same month a year earlier, please enter the comparison with the previous month.

thousand yen

[How to fill out the questionnaire]
About "1. (1) Sales (income)"
· Provide the figure of entire monthly sales (income) of the establishment.
· The sales (income) include sales for supply of services and sales of article (including indirect tax, consumption tax, etc) in the establishment. They also include cost such as purchase amount and salary and total income from all operations of the establishment.
· For consumption tax, make entries including tax in principle. If it is difficult to do so for accounting purpose, make entries excluding tax and enter a check mark in tax exclusion box.

2. Number of persons working at the location of establishment at the end of the month (Provide the figure for the business day closest to the end of the month.) * If there is no applicable data for each column, fill in "0", not leaving it blank.

2. (1) Number of persons engaged in your establishment (excluding dispatched or temporarily transferred employees to other establishments)

① Salaried directors	Regular employees		④ Non regular workers (including part-timers and temporary workers other than ③)	Total number (total of ① to ④)	2. (2) Persons temporarily transferred or dispatched from other enterprises, etc.
Individual proprietors Unpaid family workers	② Full-time employees	③ Other than full-time employees (part-timers and temporary workers, etc.)			
Person	Person	Person	Person	Person	Person

[Remarks ②] If any major changes have occurred with regard to your establishment, please provide details.

1 Merged with other companies (organizations, etc.) this month
2 Spun off into a separate entity (split of a corporation) this month
3 Capital changed this month

4 Monthly Survey on Service Industries Monthly Questionnaire (for enterprises, etc.)

Monthly Survey on Service Industries　Monthly Questionnaire (for enterprises, etc.)

General Statistical Survey

Statistics Bureau, Ministry of Internal Affairs and Communications

Please fill in for the preprinted month and the previous month.

Year Month

2 0

Please fill in as it may be necessary to contact you.

Department

The name of the person who filled in the questionnaire

Telephone (　　) 　－　　　 (Extension　　)

1. Monthly sales (income), etc. of your company (organization, etc.)

Tax exclusion □ Make entries including tax in principle. If it is difficult to do so for accounting purposes, make entries excluding tax and enter a check mark in the box.

1. (1) Details of business activities
● For business activities which you decided not to implement from this month, use double lines to strike through the name of the business activities, and enter the statement in the remarks ② column by business activity.

1. (2) Sales (income)
● Round amounts to the nearest 1,000.
● If no sales are posted temporarily, fill "0" in the sales column and enter the reason thereof in the remarks ② column.

[Remarks ①]
If the monthly sales increased or decreased significantly compared with the same month a year earlier, enter the specific reason. If you cannot compare with the same month a year earlier, please enter the comparison with the previous month.

1 ｜ thousand yen

2 ｜ thousand yen

3 ｜ thousand yen

4 ｜ thousand yen

[Remarks ②] If any major changes have occurred with regard to your company (organization, etc.), please provide details.

Others
5 ● Provide the figure of business activities other than 1 to 4, and describe those business activities in the remarks ② column.

thousand yen

Entire enterprise (total)
● Provide the total sales of the entire enterprise into the total column, not leaving it blank.

thousand yen

2. Number of persons working at the location of establishment of your company (organization, etc.)

2. (1) Number of persons engaged in your company (organization, etc.) (excluding dispatched or temporarily transferred employees to other enterprises, etc.) at the end of the month (Provide the figure for the business day closest to the end of the month.) ●● Enter applicable data for each column; fill in "0" not leaving a blank.

① Salaried directors

Regular employees
② Full-time employees

Person

③ Other than full-time employees (part-timers and temporary workers, etc.)

Person

④ Non-regular workers (including part-timers and temporary workers other than ③)

Person

Total number (total of ① to ④)

Person

2. (2) Persons temporarily transferred or dispatched from other enterprises, etc.

Person

1 Merged with other companies (organizations, etc.) this month
2 Spun off into a separate entity (split of a corporation) this month
3 Capital changed this month

Appendix 6
Industry Coverage of "the Monthly Survey on Service Industries" in the Tertiary Industry

☐ : Covered

▦ : Not Covered

Industry	(Reference) Results of 2016 Economic Census for Business Activity of Japan (Privately owned establishments) 1)		(Reference) Results of 2014 Economic Census for Business Frame of Japan (National and local governments establishments) 1)	
	Number of establishments (number of establishments)	Number of persons engaged (person)	Number of establishments (number of establishments)	Number of persons engaged (person)
F Electricity, gas, heat supply and water	4,654	187,818	4,136	82,367
G Information and communications	63,574	1,642,042	73	449
37 Communications	2,953	141,910	9	41
38 Broadcasting	1,952	69,718	55	322
39 Information services	34,576	1,077,081	8	85
40 Internet based services	5,711	107,878	1	1
41 Video picture, sound information, character information production and distribution	18,294	243,696	-	-
H Transport and postal activities	130,459	3,197,231	836	35,744
42 Railway transport	4,277	226,354	243	16,631
43 Road passenger transport	23,028	514,236	138	12,439
44 Road freight transport	69,823	1,651,296	-	-
45 Water transport	3,046	47,744	65	1,073
46 Air transport	922	50,901	-	-
47 Warehousing	10,605	201,073	-	-
48 Services incidental to transport	18,342	393,459	390	5,601
49 Postal activities, including mail delivery	355	111,268	-	-
I Wholesale and retail trade	1,355,060	11,843,869	179	1,518
J Finance and insurance	84,041	1,530,002	73	493
K Real estate and goods rental and leasing	353,155	1,462,395	832	4,414
68 Real estate agencies	63,352	323,508	11	64
69 Real estate lessors and managers	260,042	845,185	814	4,314
70 Goods rental and leasing	29,197	284,287	7	36
L Scientific research, professional and technical services	223,439	1,842,795	3,894	104,656
71 Scientific and development research institutes	5,223	261,326	1,152	33,666
72 Professional services, n.e.c.	115,043	646,580	1	14
73 Advertising	9,282	127,639	-	-
74 Technical services, n.e.c.	93,781	806,449	2,741	70,976
M Accommodations, eating and drinking services	696,396	5,362,088	2,937	31,077
75 Accommodations	48,963	678,833	578	3,969
76 Eating and drinking places	590,847	4,120,279	82	551
77 Food take out and delivery services	56,050	557,209	2,277	26,557
N Living-related and personal services and amusement services	470,713	2,420,557	4,075	31,534
78 Laundry, beauty and bath services	358,523	1,142,326	330	2,967
79 Miscellaneous living-related and personal services 2)	56,652	405,870	816	3,200
80 Services for amusement and hobbies	55,431	871,377	2,929	25,367
O Education, learning support	167,662	1,827,596	54,125	1,339,283
81 School education	18,853	1,018,611	39,128	1,207,544
82 Miscellaneous education, learning support	148,809	808,985	14,997	131,739
P Medical, health care and welfare	429,173	7,374,844	28,250	741,152
83 Medical and other health services	253,942	3,841,308	1,949	284,258
84 Public health and hygiene	2,169	63,921	2,512	66,485
85 Social insurance and social welfare	172,733	3,464,165	23,789	390,409
Q Compound services	33,780	484,260	28	90
R Services, n.e.c.	346,616	4,759,845	7,066	81,414
88 Waste disposal business	20,005	271,749	2,780	56,568
89 Automobile maintenance services	54,699	244,049	39	464
90 Machine, etc. repair services, except otherwise classified	29,001	222,494	6	107
91 Employment and worker dispatching services	18,483	1,039,740	82	297
92 Miscellaneous business services	79,927	2,417,455	318	2,497
93 Political, business and cultural organizations	48,753	263,808	2	17
94 Religion	90,774	258,057	-	-
95 Miscellaneous services	3,944	34,092	3,839	21,464
96 Foreign governments and international agencies in japan	-	-	-	-
S Government, except elsewhere classified	-	-	39,734	1,896,579
Total of Tertiary industry	4,358,722	43,935,342	146,238	4,350,770
Which of Coverage of the Survey 3)	2,704,242	27,835,815	60,408	1,052,174

1) In the population of the Monthly Survey on Service Industries since 2021, privately owned establishments is based on the 2016 Economic Census for Business Activity and national and local governments establishments is based on the 2014 Economic Census for Business Frame.
2) Excluding "domestic services"
3) Excluding "pure holding companies", "public health centers", "social insurance organizations" and "welfare offices"

(Supplementary Data) Main Sub-sectors of Industries Covered by the Survey

Industry	Sub-sector
G Information and communications	
37 Communications	Fixed telecommunications / Mobile telecommunications
38 Broadcasting	Public broadcasting / Private-sector broadcasting / Cablecasting
39 Information services	Computer programming and other software services / Data processing and information services
40 Internet based services	Internet based services
41 Video picture, sound information, character information production and distribution	Video picture information production and distribution / Sound information production / Newspaper publishers / Publishers,except newspapers / Commercial art and graphic design
H Transport and postal activities	
42 Railway transport	Railway transport
43 Road passenger transport	Common omnibus operators / Common taxicab operators / Contracted omnibus operators
44 Road freight transport	Common motor trucking / Motor trucking (particularly-contracted) / Mini-sized vehicle freight transport / Collect-and-deliver freight transport
45 Water transport	Oceangoing transport / Coastwise transport / Inland water transport / Vessel and ship rental and leasing
47 Warehousing	Ordinary warehousing / Refrigerated warehousing
48 Services incidental to transport	Port transport / Freight forwarding / Transport agencies / Packing and crating / Transport facilities services
4* Air transport, postal activities, including mail delivery	Air transport / Aircraft service / Postal activities, including mail delivery
K Real estate and goods rental and leasing	
68 Real estate agencies	Sales agents of building and houses and land subdividers and developers / Real estate agents and brokers
69 Real estate lessors and managers	Real estate lessors /House and room lessors / Automobile parking / Real estate managers
70 Goods rental and leasing	General goods rental and leasing / Industrial equipment and machinery rental / Office machinery rental / Automobile rental / Sports and hobby goods rental
L Scientific research, professional and technical services 1)	
72 Professional services, n.e.c. 2)	Lawyers' and patent attorneys' offices / Notaries public, judicial scriveners' and land and house surveyors' offices / Administrative scriveners' offices /Certified public accountants' and auditors' offices / Certified social insurance and labor consultants' offices / Design services / Authors and artists / Business consultants
73 Advertising	Advertising
74 Technical services, n.e.c.	Veterinary services / Engineering and architectural services / Mechanical design services / Commodity inspection and non-destructive testing services / Surveyor certification / Photographic studios
M Accommodations, eating and drinking services	
75 Accommodations	Hotels / Common lodging houses / Boarding houses
76 Eating and drinking places	Eating places / Specialty restaurants / "Soba" and "Udon" (Japanese noodles) restaurants / "Sushi" bars / Drinking houses and beer hall / Bars,cabarets and night clubs / Coffee shops
77 Food take out and delivery services	Food take out services / Food delivery services
N Living-related and personal services and amusement services	
78 Laundry, beauty and bath services	Laundries / Barbershops / Hair-dressing and Beauty salon / Public bathhouses
79 Miscellaneous living-related and personal services 3)	Travel agency / Garment sewing services and repairs / Checkrooms, safety deposit services / Crematories and graveyard custodians / Ceremonial occasions
80 Services for amusement and hobbies	Cinemas / Performances,theatrical companies / Bicycle,horse,motorcar and motorboat race track operations and companies /Sports facilities / Public gardens and amusement parks / Amusement and recreation facilities
O Education, learning support 4)	
82 Miscellaneous education, learning support	
82a Social education, vocational and educational support facilities	Social education / Vocational and educational support facilities
82b Supplementary tutorial schools, instruction services for arts, culture and technicals	Supplementary tutorial schools / Instruction services for arts,culture and technicals
P Medical, health care and welfare	
83 Medical and other health services	Hospitals / Clinics of medical practitioners / Dental clinics / Maternity clinics and nursing / Other health practitioners
84 Public health and hygiene 5)	Health consultation offices
85 Social insurance and social welfare 6)	Child welfare services / Welfare services for the aged and care services / Welfare services for disabled persons
R Services, n.e.c. 7)	
88 Waste disposal business	Domestic waste disposal business / Industrial waste disposal business
89 Automobile maintenance services	Automobile maintenance services
90 Machine, etc. repair services, except otherwise classified	Machine repair shops / Electrical machinery,apparatus,appliances and supplies repair shop / Paper hangers
91 Employment and worker dispatching services	Employment services / Worker dispatching services
92 Miscellaneous business services	Stenographic,entree document and duplicating services / Building maintenance services / Guard services
95 Miscellaneous services	Meeting halls / Slaughterhouses

1) Excluding "scientific and development research institutes"
2) Excluding "pure holding companies"
3) Excluding "domestic services"
4) Excluding "school education"
5) Excluding "public health centers"
6) Excluding "social insurance organizations" and "welfare offices"
7) Excluding "political, business and cultural organizations", "religion" and "foreign governments and international agencies in Japan"

サービス産業動向調査（月次調査）結果の利用方法

　サービス産業動向調査（月次調査）結果は、インターネットで結果表を閲覧又はダウンロード（CSV 形式等）することができます。また、報告書は、総務省統計図書館のほか国立国会図書館、県立図書館等で閲覧できます。

インターネット

　サービス産業動向調査（月次調査）に関する情報については、総務省統計局のホームページに掲載しています。また、結果表等の統計データは、「政府統計の総合窓口（e-Stat）」（※）に登録しています。

　サービス産業動向調査ホームページ
　URL　https://www.stat.go.jp/data/mssi/index.html

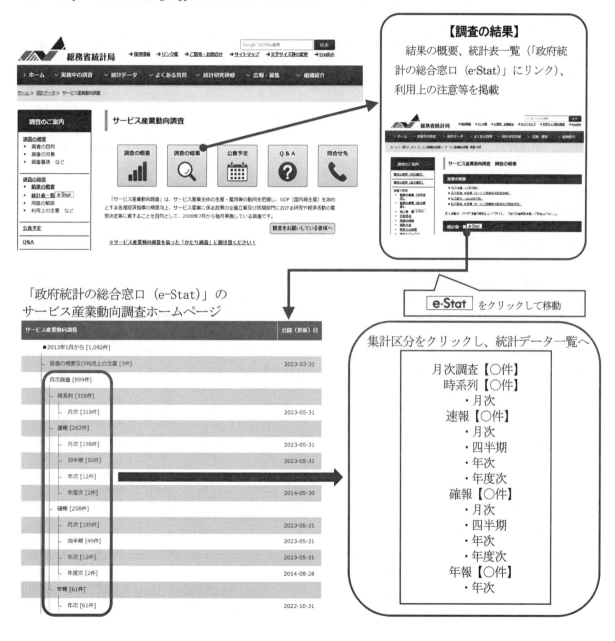

　※　「政府統計の総合窓口（e-Stat）」（URL　https://www.e-stat.go.jp/）は、各府省が公表する統計データを一つにまとめ、統計データを検索したり、地図上に表示できるなど、統計を利用する上で、たくさんの便利な機能を備えた政府統計のポータルサイトです。

総務省統計局編集等・（一財）日本統計協会発行の新刊案内

新版 日本長期統計総覧（全5巻）　　　　　　　　　　A4判　586頁〜746頁 CD-ROM付
我が国の統計を集大成した「日本長期統計総覧」を20年ぶりに抜本的に改訂。　第1巻〜第4巻は定価22,000円、第5巻は定価23,100円

第 72 回 日 本 統 計 年 鑑　令和5年		B5判	794頁	CD-ROM付	定価	16,500円
統 計 で み る 日 本 2023		A5判	338頁		定価	2,750円
日 本 の 統 計 2023		A5判	308頁		定価	2,200円
世 界 の 統 計 2023		A5判	296頁		定価	2,200円
STATISTICAL HANDBOOK OF JAPAN 2023		A5判	214頁		定価	3,960円
社 会 生 活 統 計 指 標 2023		A4判	546頁	CD-ROM付	定価	9,680円
統計でみる都道府県のすがた 2023		A4判	180頁	CD-ROM付	定価	3,190円
統計でみる市区町村のすがた 2023		A4判	328頁	CD-ROM付	定価	5,610円
データ分析のための統計学入門		A4判	428頁		定価	1,980円
GDP統計を知る 国民経済計算の基礎 －改訂第2版－		A5判	190頁		定価	2,420円
公 的 統 計 に よ る 統 計 入 門		A5判	178頁		定価	1,650円
日本を彩る47都道府県と統計のはなし		B5判	386頁		定価	2,970円
国勢調査からみた市区町村人口 -大正9(1920)年〜令和2(2020)年までの100年間の人口の推移-		A4版	424頁	CD-ROM付	定価	8,800円
令 和 2 年 国 勢 調 査 報 告						
ライフステージでみる日本の人口・世帯		A4判	66頁		定価	1,210円
第1巻 人口等基本集計結果						
その1 全国編		A4判	382頁	CD-ROM付	定価	7,590円
その2 都道府県・市区町村編(6分冊)		A4判 390頁〜644頁 CD-ROM付 定価 5,830円〜7,150円				
第2巻 就業状態等基本集計結果						
その1 全国編		A4判	454頁	CD-ROM付	定価	7,480円
その2 都道府県・市区町村編(6分冊)		A4判 378頁〜538頁 CD-ROM付 定価 7,590円〜8,360円				
第3巻 従業地・通学地集計結果及び人口移動集計結果						
その1 全国編		A4判	228頁	CD-ROM付	定価	8,140円
その2 都道府県・市区町村編(6分冊)		A4判 406頁〜566頁 CD-ROM付 定価 7,920円〜8,360円				
第4巻 抽出詳細集計結果						
その1 全国編		A4判	334頁	電子データ提供	定価	7,150円
その2 都道府県・市区町村編(6分冊)		A4判 368頁〜598頁 電子データ提供 定価 8,250円〜9,900円				
令 和 3 年 社 会 生 活 基 本 調 査 報 告						
第1巻 全国・地域 生活時間編		A4判	610頁	CD-ROM付	定価	10,230円
第2巻 全国・地域 生活行動編		A4判	534頁	CD-ROM付	定価	9,900円
第3巻 詳細行動分類による生活時間編		A4判	368頁	電子データ提供	定価	9,240円
労 働 力 調 査 年 報　令和4年		A4判	348頁	CD-ROM付	定価	6,600円
人口推計資料№96 人口推計 −令和4年10月1日現在−		B5判	118頁		定価	3,080円
住 民 基 本 台 帳 人 口 移 動 報 告 年 報　令和4年		A4判	280頁	電子データ提供	定価	3,960円
家 計 消 費 状 況 調 査 年 報　令和4年		A4判	178頁		定価	3,410円
家 計 調 査 年 報〈Ⅰ 家 計 収 支 編〉　令和4年		A4判	432頁	電子データ提供	定価	7,480円
家 計 調 査 年 報〈Ⅱ 貯 蓄・負 債 編〉　令和4年		A4判	246頁	電子データ提供	定価	5,390円
小 売 物 価 統 計 調 査 年 報　令和3年		A4判	318頁	CD-ROM付	定価	7,260円
サ ー ビ ス 産 業 動 向 調 査 年 報　令和4年		A4判	126頁		定価	3,080円
科 学 技 術 研 究 調 査 報 告　令和4年		A4判	344頁	CD-ROM付	定価	4,400円
消 費 者 物 価 指 数 年 報　令和4年		A4判	226頁	CD-ROM付	定価	6,050円
個 人 企 業 経 済 調 査 報 告　令和4年		A4判	300頁		定価	4,070円
「 月 刊 統 計 」‥年間購読(割引あり)もできます。		B5判			定価	990円

（定価は、税込価格です）

サービス産業動向調査年報
令和4年
Annual Report on
the Monthly Survey on Service Industries
2022

発行 一般財団法人 日 本 統 計 協 会
Published by Japan Statistical Association
東京都新宿区百人町2丁目4番6号メイト新宿ビル内
Meito Shinjuku Bldg, 2-4-6, Hyakunincho, Shinjuku-ku,
Tokyo, 169-0073
ＴＥＬ：(03)5332-3151　ＦＡＸ：(03)5389-0691
E-mail：jsa@jstat.or.jp
振　替：00120-4-1944

令和5年11月発行　　　　定価：3,080円（本体価格 2,800円 + 税10%）
Issued in November 2023　Price:3,080yen（2,800yen + tax10%）

編集：総務省統計局　　　　　　印　刷：株式会社和幸印刷

ISBN978-4-8223-4209-8　　C0033　　　¥2800E